DRINNEN

GARTELN ohne
GARTEN

& DRAUSSEN

Illustrationen:
© Aluna1/Shutterstock.com

AF196696

HAFTUNGSAUSSCHLUSS

Für die Richtigkeit der Angaben wird trotz sorgfältiger Recherche keine Haftung übernommen.
Der Autor und der Verlag haben den Inhalt dieses Buches mit großer Sorgfalt und nach bestem
Wissen und Gewissen zusammengestellt. Sie übernehmen keinerlei Haftung für eventuelle Schäden,
die als Folge von Handlungen und/oder gefassten Beschlüssen aufgrund der gegebenen Informationen entstehen.

GENDER-ERKLÄRUNG

Aus Gründen der besseren Lesbarkeit verzichten wir im Cadmos-Verlag auf die gleichzeitige Verwendung der Sprachformen
männlich, weiblich und divers (m/w/d) und wählen jeweils die männliche oder weibliche Form von personenbezogenen
Hauptwörtern. Dies soll jedoch keinesfalls eine Geschlechterdiskriminierung oder eine Verletzung des Gleichheitsgrundsatzes
zum Ausdruck bringen. Frauen, Männer und Diverse mögen sich von den Inhalten unserer Publikationen gleichermaßen
angesprochen fühlen.

IMPRESSUM

Copyright © 2023 Cadmos Verlag GmbH, München

Konzeption & Fachredaktion: Ing. Veronika Schubert, www.medienbuero-garten.at

Lektorat: Ing. Barbara P. Meister MA, FachLektor.at

Covergestaltung, grafisches Konzept und Satz: Gerlinde Gröll, www.cadmos.de

Fotos am Umschlag: Ulrike Ploberger (Titelbild), Christoph Böhler (U4)

Illustrationen am Umschlag: ARTvektor, Polar_lights15, Lena L und Aluna1/Shutterstock.com

Wiederkehrende Illustrationen im Buchkern: Ian Millán-Ruiz; Polar_lights15 und ju.hrozian/Shutterstock.com

Druck: www.graspo.com

Deutsche Nationalbibliothek – CIP-Einheitsaufnahme
Die Deutsche Nationalbibliothek verzeichnet diese Publikation in der Deutschen Nationalbibliografie;
detaillierte bibliografische Daten sind im Internet über http://dnb.ddb.de abrufbar.

Das Werk ist einschließlich aller seiner Teile urheberrechtlich geschützt. Jede Verwertung außerhalb
der engen Grenzen des Urheberrechtsgesetzes ist ohne Zustimmung des Verlages unzulässig und strafbar.
Das gilt insbesondere für Vervielfältigungen, Übersetzungen, Mikroverfilmungen und die Einspeicherung
und Verarbeitung in elektronischen Systemen.

Alle Rechte vorbehalten.

Abdruck oder Speicherung in elektronischen Medien nur nach vorheriger schriftlicher Genehmigung durch den Verlag.

Printed in EU

ISBN 978-3-8404-7582-5

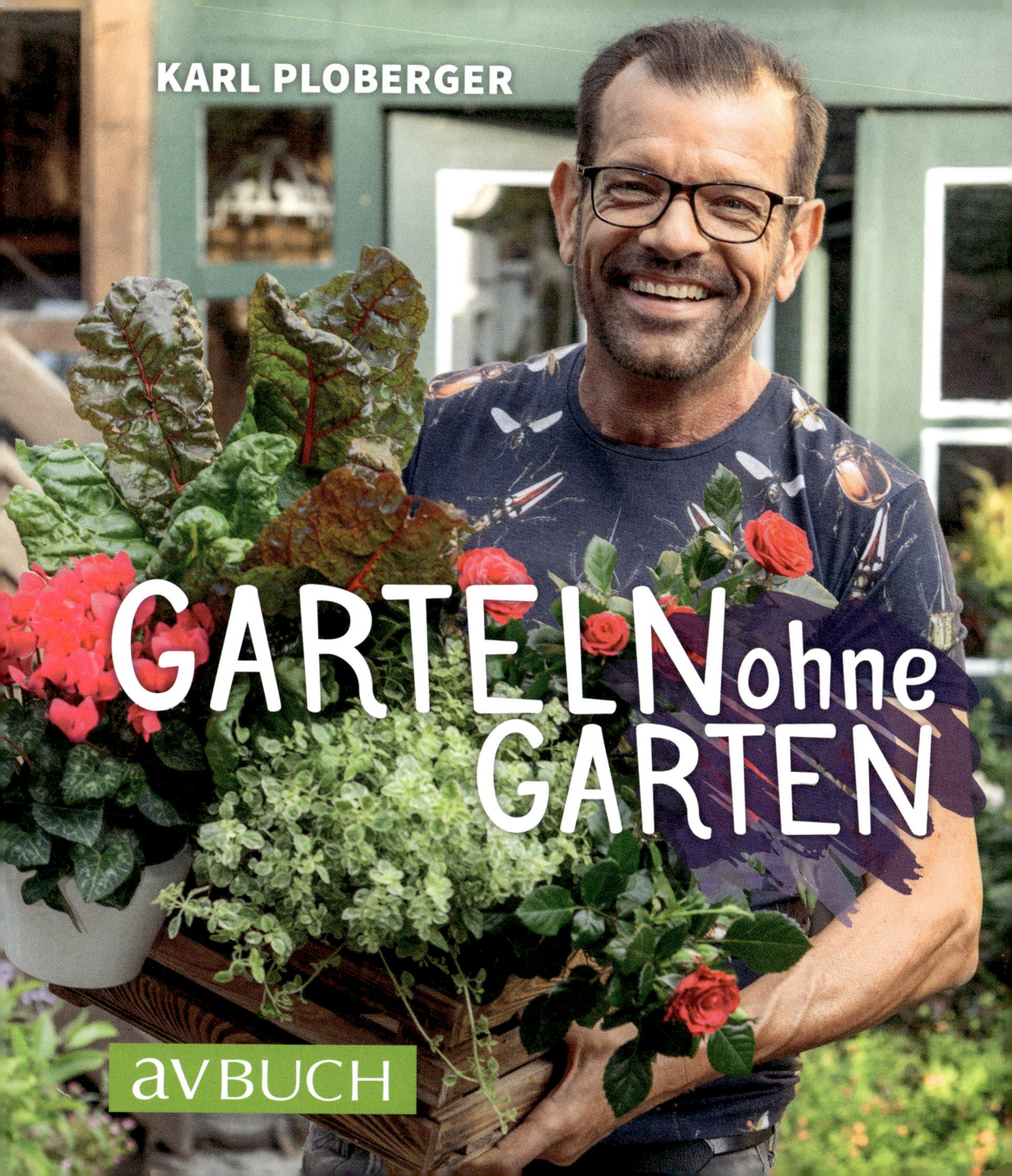

KARL PLOBERGER

GARTELN ohne GARTEN

avBUCH

INHALT

VORWORT

LIEBE GARTLERINNEN UND GARTLER!

Es waren schon außergewöhnliche Zeiten, als ich zum ersten Mal als Student ohne Garten leben musste. Weit weg von daheim, wo der Garten der Kindheit so viel Erlebnis und Erfahrung bescherte, musste ich plötzlich mit nur eineinhalb Quadratmeter Balkon auskommen. Doch ich nutzte die Chance! Garteln war damals kein Lifestyle, Kräuter ziehen kein Lebensgefühl und frische Beeren kein Superfood. So gab es bei mir zunächst einfach eine Mischung aus Zier- und Genusspflanzen, und praktisch alles, was in „meinem" Garten daheim wuchs, wuchs dann auch auf dem Balkon. Der Nachbar, der seine Terrasse ebenfalls im vierten Stock hatte, meinte angesichts des Dschungels: „Dass hier noch Menschen Platz finden!" Ja, wir fanden Platz. Schon damals wohnte ich mit meiner Frau zusammen, und obwohl der Balkon übervoll mit Pflanzen war, hatte ein kleiner Tisch mit zwei Hockern Platz. Radieschen gab es daheim im Garten schon früh im Jahr, denn ich hatte dort in meiner Heimat Frühbeete und später ein kleines Gewächshaus. So war es nur eine Frage der Zeit, bis sich Miniglashäuser und Vliesabdeckungen auch auf unserem kleinen grünen Stadtparadies in luftiger Höhe einfanden. Dadurch begann das Gartenjahr im zeitigen Frühjahr. Vorgezogen auf der Küchenfensterbank standen neben den Küchenkräutern Salate in den Startlöchern, ehe sie in kleinen Blumenkisterln ausgepflanzt wurden. Tomaten wurden vorgezogen, genauso wie Pfefferoni (von

WENN DIE WELT KOPFSTEHT, DANN GIBT UNS DIE NATUR KRAFT! PFLANZEN AUF DEM BALKON, DER TERRASSE ODER DER FENSTERBANK MACHEN MUT UND GEBEN HOFFNUNG – WENN MAN DAS WACHSEN, GEDEIHEN UND ERNTEN BEOBACHTET. UND WENN BIENEN SUMMEN UND SCHMETTERLINGE IN LUFTIGER HÖHE VORBEISCHAUEN, DANN SCHMECKEN KRÄUTER, SALATE, OBST UND BEEREN AUS EIGENER PRODUKTION NOCH BESSER!

© Christoph Böhler

Chili sprach damals noch niemand), Stangenbohnen, Erbsen, Zucchini und Gurken. Ein Garten Eden, ein kleines feines Schlaraffenland ... Und weil das Gartenjahr für mich auch nicht mit dem einsetzenden Frost enden sollte, gab es in der Wohnung Zimmerpflanzen in allen Variationen. Die gab es übrigens schon davor, als eine erste Studentenbude gerade einmal 20 Quadratmeter maß, aber ein großes Fenster viel Licht hereinließ und so Philodendron, Yucca & Co. kräftig wachsen ließ. Heute ist Garteln mitten im Leben angekommen, „Urban Jungle" nennt man das Zimmerpflanzenparadies im Wohnzimmer, und Jung und Alt pflanzen, ernten und genießen – drinnen und draußen. Auch ohne Garten!

Ihr Biogärtner

Karl Ploberger

WWW.BIOGAERTNER.AT

© Christoph Böhler

8

DRAUSSEN

GARTELN
ohne
GARTEN

Wilde
Bienenträume

OASE FÜR DIE INSEKTENWELT

Schmetterlinge, die von Blüte zu Blüte gaukeln, summende
Bienen und das zarte Blühen von Hunderten Wiesenblumen auf
einer einsamen Bergwiese. Von einem Stück unberührter Natur
träumt der Mensch von heute und soll es haben. Wildblumen
wachsen auch im Kleinen auf Terrasse, Balkon und Fensterbank.
Die Üppigkeit der Blüten ist zwar eine andere als die von
Pelargonien & Co., doch genau diese Zartheit im Wachsen
und Blühen macht den Reiz aus.

WILDE BLÜTEN IN LUFTIGER HÖHE

Pelargonien, Petunien, Tagetes und Zinnien – die Liste könnte man endlos fortsetzen. All diese Balkon- und Beetpflanzen findet man in unseren Gärten, auf den Balkonen und in Parks. Und doch gibt es seit einiger Zeit die Faszination für das Ursprüngliche, das Heimische. Wildstauden sind gefragt – als robuste Alternative, als Nahrungsquelle für viele Tiere und letztlich oft als unbekannte Köstlichkeit in der Küche. Denken Sie nur an die Gundelrebe, die im Rasen oft Sorgen bereitet und auch im Kisterl gut gedeiht.

© Christoph Böhler

Die Rundblättrige Glockenblume wächst auch in luftiger Höhe   © Ploberger

NEUE NATÜRLICHKEIT IST LIFESTYLE

„Hirsch Haarstrang", „Quirl Salbei", „Milder Mauerpfeffer", „Teufelsabbiss" oder „Nickendes Perlgras" – allein die deutschen Namen machen neugierig. Was lange Jahre nur im Biologieunterricht oder in Pflanzenlexika zu finden war, ist nun salonfähig geworden. Verkehrsinseln ergrünen mit heimischen Pflanzen, Blumenbeete im Garten erfreuen mit den robusten heimischen Gewächsen. Und selbst in der Stadt findet man sie in alternativen Balkonkisterln.

Oft aber scheitern die Blumenfreunde, weil sie die Ansprüche der heimischen Wildpflanzen nicht kennen. Wer beispielsweise eine Packung Blumenwiesensamen in ein Kisterl streut, hat oft wenig Erfolg, denn es gibt einige Vorlieben, die diese wilden Blumen haben. Heimische Stauden und einjährige Kräuter – vor allem jene in der Blumenwiese – benötigen einen absolut offenen, durchlässigen Boden, ohne von anderen Pflanzen bedrängt zu werden. Im Garten muss dazu die oberste Humusschicht mit dem Rasen abgetragen, dann die Erde tiefgründig gelockert und möglichst viel grober Sand eingearbeitet werden. Und niemals düngen! In Blumenkisterln, in Schalen oder auf Gründächern muss die Erde genauso nährstoffarm sein. Wildblumen benötigen, wenn man sie einmal in die richtige Erde (siehe „Weise Erkenntnis") gepflanzt hat, nur etwas Wasser. Das war's. Und viele Pflanzen in solchen Kisterln kommen jedes Jahr wieder, ohne dass man immer wieder neu pflanzt.

NIEMALS IN DER NATUR AUSGRABEN!

Keinesfalls, und darauf sei hier ausdrücklich hingewiesen, darf man Pflanzen in der Natur ausgraben. Da dies meist dann erfolgt, wenn sie blühen, sind außerdem ihre Überlebenschancen gering. Besorgt man sich aber bei Fachgärtnereien die vorgezogenen Jungpflanzen, dann erreicht man schon nach wenigen Wochen eine eindrucksvolle Wirkung. Nicht nur für uns! Denn das Besondere an Wildpflanzen ist, dass sie die wahren Nahrungsquellen für Insekten sind.

DIE AUSWAHL AN WILDBLUMEN IST ENORM. UND DOCH SOLLTE MAN IMMER DARAUF ACHTEN, WELCHE LICHT- UND BODENVERHÄLTNISSE GEWÜNSCHT WERDEN. DAS IST BEI WILDPFLANZEN VIEL WICHTIGER ALS BEI DEN ÜBLICHEN BALKONBLUMEN.

WILDPFLANZEN SIND PFLEGELEICHT

Kommt es einmal vor, dass man das Gießen vergisst, dann überstehen das die meisten problemlos. Sie vertrocknen zwar oberirdisch, aber der Wurzelstock bleibt erhalten. So sprießt nach einem erlösenden Wasserguss bald wieder saftiges Grün und lässt die Trockenzeit rasch vergessen. Besonders bei großen Dachbepflanzungen überrascht es, wie flott sich die Pflanzflächen regenerieren – ohne Bewässerung oder Extrapflege.

Weise Erkenntnis

Ohne Packungserde und Dünger erfolgreich

Blumenerde, wie man sie im Frühjahr palettenweise in Gartencentern findet, ist für unsere Wilden nicht geeignet. Besser ist es, wenn man von einem Spaziergang mit einem Kübel Maulwurfserde heimkommt. Gemischt mit viel Sand, Tongranulat und Lavagrus entsteht das ideale Pflanzsubstrat. Wer dazu keine Gelegenheit hat, besorgt sich Aussaaterde und/oder Kakteenerde. Noch etwas Wichtiges: Ist das Düngen bei anderen Pflanzen das Um und Auf für ein kräftiges und gesundes Wachstum, so ist es bei den heimischen Wildpflanzen genau umgekehrt. Je weniger gedüngt wird, desto herrlicher ist die Blütenpracht.

#weiseerkenntnis

© MOARA GOMES/Shutterstock.com

AUSDAUERNDES SILBERBLATT: DIE MONDVIOLE *LUNARIA REDIVIVA*

© Munimara/Shutterstock.com

Warum ich gerade diese Pflanze empfehle, ist wegen ihres Duftes! Der zarte Veilchenduft gehört für mich im Mai zum ersten Höhepunkt im Garten. In der Dämmerung tänzeln Nachtfalter um die Blüten. Mich beeindrucken dabei „meine Kolibris" – die Taubenschwänzchen.

Die Mondviole wächst nicht nur dort, wo sie am liebsten gedeiht, nämlich im Halbschatten, sondern praktisch überall. Das macht sie so besonders. Je nach Standort wird sie einmal nur knapp knöchelhoch, an anderer Stelle geht sie einem bis zum Bauchnabel.

© Fotokon/Shutterstock.com

Blütenreich durch Aussaat und Rückschnitt

Der deutsche Name „Mondviole" kommt übrigens von den später erscheinenden silbrigen Samenständen. Für mich ist das gleich die zweite bzw. dritte Zierde dieser Pflanze, die gern auch ein zweites Mal blüht, wenn man sie bald nach der ersten Blüte stark zurückschneidet. Die Pflanze lässt sich durch Samen gut vermehren, und wer ein wenig Guerilla-gärtnern will, streut sie in der Stadt in Parkanlagen im Halbschatten an Stellen aus, wo Blüten und Duft fehlen.

INSEKTEN-MAGNET: WIESEN-SALBEI *SALVIA PRATENSIS*

© Birgit Bierschenk/Shutterstock.com

Wie wichtig der Wiesen-Salbei in der Natur ist, zeigt die Tatsache, dass nicht weniger als 22 Hautflügler (da gehören Bienen und Hummeln dazu) sowie neun Schmetterlinge die blauen Blüten besuchen. Wer die Bepflanzung mit dem Steppensalbei *(Salvia nemorosa)* kombiniert, hat eine besonders lange Blütezeit und damit Insektenmagnete für viele Wochen.

Das liegt daran, dass sich der Steppensalbei durch eine großartige Nachblüte im August und September auszeichnet und so die Blütenperiode deutlich verlängert.

Anspruchslos und pflegeleicht

Ab Mai bis Ende August schiebt sich eine Blüte nach der anderen aus der Blattrosette des Wiesen-Salbeis.

In der Natur wächst die Staude an trockenen, nährstoffarmen Standorten. Alle Salbeisorten/-arten sind anspruchslos, gut winterhart und überdauern Frostperioden problemlos.

RAFFINIERTE VERMEHRUNG: ODERMENNIG *AGRIMONIA EUPATORIA*

© Kymme/Shutterstock.com

Der Sonnenanbeter gilt als Dauerblüher. Von Juni bis September öffnen sich die Blüten der Pflanze, die je nach Bodenbeschaffenheit nur 15 cm oder auch 50 cm hoch wird. Früher diente sie als Färbepflanze, denn die ganze Pflanze mit ihren Wurzeln färbt Wolle gelb. Odermennig ist außerdem eine beliebte Futterpflanze für viele Insekten und eine Heilpflanze, die bei Erkältungskrankheiten als Tee und bei Entzündungen äußerlich angewendet wird.

Selbst gemachte Odermennig-Tinktur

© Madeleine Steinbach/Shutterstock.com

Verbreitung durch Tiere

Die gelben Blütenkerzen sind dann am schönsten und kompaktesten im Wuchs, wenn der Boden nährstoffarm ist. Allerdings sollte er nicht zu trocken sein. Bezeichnet wird dieser Standort als einer mit „frischem" Boden. Die Pflanze hat eine raffinierte Vorgehensweise, sich zu vermehren. Die Samen sind mit kleinen Borsten versehen, die sich am Fell von Tieren (oder an der Hose des Gärtners) festhaken und so für die Verbreitung sorgen. Diese Sorgen wird man auf dem Balkon nicht haben, dafür aber eine Pflanze, deren Blätter beim Zerreiben duften, die Spitzen der Blüten sogar zart nach Marillen.

SO GENÜGSAM: BLAUER NATTERNKOPF *ECHIUM VULGARE*

Man sollte nicht enttäuscht sein, wenn der Natternkopf im ersten Jahr nur eine Blattrosette zeigt. Erst im zweiten Jahr folgt die Blüte. Meist ist sie blau, es gibt aber auch weiße und rosafarbene Sorten. Der Natternkopf wird je nach Bodenverhältnissen zwischen 30 und 100 cm hoch. Er ist für Insekten sehr wichtig. Man sagt, dass mehr als 40 Schmetterlinge hier Futter finden. Auch Wildbienen und Mauerbienen gehören zu den „Kostgängern". Dort, wo eigentlich nichts wächst, da ist er zu Hause.

Der Natternkopf gehört zu den ersten, die einen Straßenrand erobern. Dementsprechend anspruchslos ist diese Pflanze. In einem Topf mit viel schottriger Erde ist der Natternkopf am besten aufgehoben.

Sofort zurückschneiden oder Selbstaussaat?

Ist die Blüte vorbei, sollte man sofort zurückschneiden, dann gibt es auch im kommenden Jahr wieder eine Blüte. Trotzdem ist es sinnvoll, einige Pflanzen aussamen zu lassen, dann entwickelt sich ein Bestand.

© Jerry photo/Shutterstock.com

© RUPENDRA SINGH RAWAT/Shutterstock

KEIN KALK FÜR DIE HEIDENELKE *DIANTHUS DELTOIDES*

Nelken zählen seit einiger Zeit wieder zu den Newcomern im Garten und auf dem Balkon. Daher dürfen sie auch in einem Wildblumenkisterl nicht fehlen. Die wilden Nelken gehören zu denjenigen, die sehr häufig auf spezielle Standorte angewiesen sind. Die Heidenelke gehört zu den Pflanzen – der Name sagt es schon –, die dort am besten gedeiht, wo wenig Kalk im Boden ist.

© Ploberger

Weniger ist mehr!

Mit einfachen Mitteln lässt sich die passende Erdmischung herstellen: Quarzsand, Splitt (Tongranulat), vermischt mit ein wenig Aussaaterde. Ist der Platz in voller Sonne, beginnt das Blühen!
Die Blütezeit der Nelke beginnt im Juni und endet im August. Wer die Samenstände ausschneidet, wird noch mehr Blüten bekommen. Ansonsten sät sich die Heidenelke gern aus. Wichtig ist es, dass sie nie zu viel gegossen wird und niemals einen Dünger bekommt. Es genügt, wenn man im Frühjahr etwas frische sandige Erde aufstreut.

DAUERBLÜHER: NESSELBLÄTTRIGE GLOCKENBLUME

CAMPANULA TRACHELIUM

Unter den vielen Glockenblumen zählt diese zu meinen Favoriten, denn die „Nesselblättrige" ist ein Dauerblüher und sehr genügsam: Ob voller Schatten oder doch ein wenig mehr Licht – überall wächst sie und wird zwischen 30 und 80 cm hoch. Fürs Erste sieht die nicht blühende Pflanze beinahe wie eine Brennnessel aus; doch kaum öffnen sich die violetten Blüten, ist sie ein Blickpunkt. Die Glockenblume ist eine ideale Futterpflanze für zahlreiche Bienen und Hummeln.

Sonnig und durchlässig

Sehr heiße Standorte sagen ihr nur bedingt zu, aber bei mir wächst sie im Garten im Schotterbett eines trockenen Bachlaufs in voller Sonne. Sie sät sich bereitwillig aus, was bei Gründächern zu beachten ist, da schnell große Flächen von ihr eingenommen werden können, wenn man nicht rechtzeitig die Blütenstände nach dem Abblühen entfernt.

Gartenirrtümer

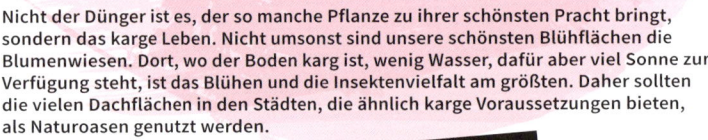

Dünger bringt Heidenelke zum Blühen

Nicht der Dünger ist es, der so manche Pflanze zu ihrer schönsten Pracht bringt, sondern das karge Leben. Nicht umsonst sind unsere schönsten Blühflächen die Blumenwiesen. Dort, wo der Boden karg ist, wenig Wasser, dafür aber viel Sonne zur Verfügung steht, ist das Blühen und die Insektenvielfalt am größten. Daher sollten die vielen Dachflächen in den Städten, die ähnlich karge Voraussetzungen bieten, als Naturoasen genutzt werden.

#gartenirrtum

DIE GOLDENE MIT MAL:
ECHTE SCHLÜSSELBLUME *PRIMULA VERIS*

Was wäre ein Frühling ohne Schlüsselblumen? Und wenn schon, dann die „Goldene", wie sie bei uns immer genannt wurde. Im Gegensatz zur „Hohen Schlüsselblume" hat sie in ihren Blüten ein oranges Zentrum. Als Heilpflanze werden die Blüten in Tees gegen Erkältung verwendet.

Wie spezialisiert manche Schmetterlinge sind, zeigt der Schlüsselblumen-Würfelfalter, für den diese Pflanze eine wichtige Futterpflanze für seine Raupen ist. Auch zu sehen sind hier der Zitronenfalter, der Kleine Fuchs sowie viele Hummeln.

© ULD.media/Shutterstock.com

© Rudmer Zwerver/Shutterstock.com

Karge Erde, kalkhaltiges Wasser
In der Natur findet man die Echte Schlüsselblume am Waldrand, wo der Boden gut wasserdurchlässig und eher nährstoffarm ist. Kalk mag sie, das erleichtert auch das Gießen auf dem Balkon mit Leitungswasser. Schädlinge gibt's im Naturkisterl keine, denn alle Tiere leben in enger Symbiose mit den Pflanzen.

Also nicht enttäuscht sein, wenn Teile der Blätter plötzlich abgebissen sind. Wer sich über die flatternden Schmetterlinge freut, muss auch die Raupen mögen.

© Smiler99/Shutterstock.com

Tipp für die Gelassenheit

Glockenblumen als robuste Vielfaltsboten

Mehr als 300 Arten in Hunderten Sorten bereichern Natur und Garten – solche, die als Polster Pflasterfugen füllen (z. B. die Karpatenglockenblume – *Campanula carpatica*) oder auf Dächern wachsen, oder solche, die dicke Polster bilden (Hängeglockenblume – *C. poscharskyana*). Alle haben eines gemeinsam: Sie sind sehr wüchsig und dennoch genügsam. Viele Wildblumen kommen mit wenig Pflege aus. Karge Böden, wenig Wasser – das ist die Welt, in der die heimischen Naturpflanzen optimal gedeihen. Sie sind es auch, die mit den klimatischen Veränderungen am besten zurechtkommen.

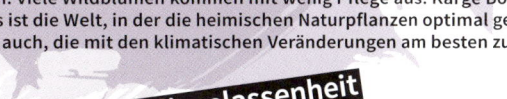

#tippfürdiegelassenheit

Ob wilde Nelke oder Zuchtformen – der Duft und die Farbvielfalt faszinieren

© APugach/Shutterstock.com

GARTENFRAGEN ZU WILDBLUMEN

livegartentipps

Wie kann ich normale Packungserde als Substrat für Wildpflanzen aufbereiten, da ich keine Chance habe, zu anderer Erde zu kommen?

Verwenden Sie ⅓ Bioerde ohne Torf und mischen Sie mit ⅓ Quarzsand und ⅓ Kies. Diese Mischung ist nun so abgemagert, dass sie für fast alle Wildpflanzen verwendet werden kann. Wird eher eine kalkreiche Erdmischung gesucht, streut man noch Algenkalk ein.

Wenn man Wildblumenwiesen in den Bergen betrachtet, dann erfolgt dort niemals ein Rückschnitt. Warum muss ich Pflanzen generell zurückschneiden?

Der Rückschnitt ist deshalb notwendig, weil es sonst zu einer Anreicherung an Nährstoffen und damit zu veränderten Bodenbedingungen kommt. In der Natur wird dies durch das Äsen von Tieren erledigt und somit eine magere Erde bewahrt. Blumenwiesen werden deshalb immer gemäht und das Schnittgut entfernt. Gemulcht werden Wildpflanzenbeete nur mit Kies oder Splitt.

Ich befürchte, dass ich allein mit Wildblumen nur sehr kurze Zeit Blüten auf meinem Balkon bewundern kann. Stimmt das so?

Jein. Würden Sie ausschließlich eine Art pflanzen, dann kann Blütenreichtum über viele Monate kaum garantiert werden. Daher in Schalen und Kisten unbedingt eine bunte Mischung von Wildblumen setzen, die zu unterschiedlichen Zeiten blühen, aber von den Ansprüchen her ähnlich sind. So kann ein kleines Stück Blumenwiese mit wochenlanger Blüte entstehen.

Mich stört es, dass auf meiner Terrasse die Fugen unbewachsen sind. So beginnt dort immer Gras zu wachsen. Was könnte ich pflanzen, um einen attraktiven Bewuchs zu erzielen?

Ob in die Pflasterfuge auf der Terrasse (wenn nicht für die Regenwasserableitung wichtig) oder bei Gehwegen im Garten – für mich ist die Felsennelke (*Petrorhagia saxifraga*) besonders reizvoll. Das Schöne: Sie blüht lange, sät sich selbst aus und ist auch zu begehen.

An stark begangenen Stellen bleibt sie sehr niedrig, an weniger genutzten Plätzen erreicht sie gut 10 cm und ist übervoll mit meist rosa Blüten.

Mein Problem ist es, dass ich oft tagelang nicht daheim bin und es keine Möglichkeit für eine automatische Bewässerung gibt. Welche Pflanzen würden hier gedeihen?

Fast alle trockenheitsliebenden Wildstauden überleben einige Zeit ohne Wasser. Allerdings trocknen sie dann meist zurück und treiben erst wieder aus, wenn Feuchtigkeit vorhanden ist. Schöner sind hierfür Dach- oder Hauswurz (*Sempervivum* sp.). Sie überleben lange Trockenphasen.

Gibt es einen sanften Blumendünger, der für die Wildblumen ein wenig Nährstoff bringt, aber nicht überdüngt?

Grundsätzlich muss man gar nicht düngen, aber nach einigen Jahren kann es sinnvoll sein, die Pflanzen mit Nährstoffen zu versorgen. Dafür lässt sich zum Beispiel das Kochwasser von Kartoffeln verwenden oder Komposttee. Geben Sie Kompost in einen Leinensack und hängen Sie diesen über Nacht in eine Gießkanne Wasser (etwa einen Joghurtbecher voll Kompost auf 10 Liter Wasser).

Kann ich Wildblumen auch mit anderen Balkonblumen kombinieren?

Grundsätzlich wird das nicht funktionieren, denn die meisten Kultursorten benötigen viele Nährstoffe. Pflanzt man Wildblumen dazu, würden sie stark wachsen und wenig blühen. Besser ist es, die Pflanzen in extra Pflanzgefäße zu setzen.

Wie schaffe ich es, dass ich ein „Regenwasser" herstelle, wenn ich nur kalkhaltiges Leitungswasser zur Verfügung habe?

Dafür gibt es mehrere Möglichkeiten. Man kann Wasser abkochen, dabei geht ein Teil des Kalks verloren, oder einen Teelöffel Essig auf 6 Liter Wasser geben oder ½ kg Rindenhäcksel in einen Leinensack für 24 Stunden in 10 Liter Wasser hängen.

Bringt es etwas, wenn ich mitten in der Stadt im vierten Stock ein Insektenhotel aufhänge? Der Balkon soll übrigens demnächst bepflanzt werden.

So ein Hotel wird mit Sicherheit bald bewohnt sein, wenn der „Wellnessbereich" passt – also der Balkon zum Hotel voller Blüten wird. Wichtig: vor Regen geschützt und in voller Sonne aufhängen. Die Holzstücke sollten aus Hartholz, die Bohrlöcher ganz sauber und nicht ausgefranst sein. Dann werden sich bald Solitärbienen einfinden und bei den Wildblumen „frühstücken".

DRAUSSEN

GARTELN
ohne
GARTEN

Gemüse & Obst
auf kleinstem Raum

KULINARISCHE GENÜSSE
FRISCH VOM BALKON

Wenn der Salat im Blumentopf wächst, die Himbeeren die Terrassenwand erobern und aus dem Kisterl die Erdbeeren hervorblinzeln, dann ist das ein kulinarisches Paradies. Gibt's was Schöneres, als sein Essen mit frischen Zutaten zu bereichern? Oder zum Naschen auf den Balkon zu gehen? Genau deshalb macht das Garteln auch ohne Garten Spaß. Die Voraussetzungen sind viel besser, als man denkt, denn Licht und Wärme sind ausreichend vorhanden. Passen auch noch Erde und Pflege, steht einer großen Ernte nichts im Wege.

DER BALKON WIRD ZUM GEMÜSEGARTEN

Es ist Genuss pur, wenn man nach einem langen Arbeitstag nach Hause kommt, müde und abgespannt ist, auf den Balkon oder die Terrasse geht und plötzlich in einem Meer aus frischen Vitaminen und knackigem Gemüse steht. Kirschtomaten zum Naschen, Kräuter zum Schnuppern und die ersten Karotten zum Knabbern. Der Salat kommt aus dem Blumenkisterl und im großen Topf wächst der Mangold, der dank seiner bunten Stiele auch gleich Zierde ist.

© Christoph Böhler

© TOM KAROLA/shutterstock.com

© GartenAkademie.com

WELCHE PFLANZGEFÄSSE UND ERDEN SIND GEFRAGT?

Ob es die perfekten wasserspeichernden Blumenkisterl sind oder einfach nur kreativ zusammengezimmerte Holzkästen – den Pflanzen ist es egal. Für mich sind die Balkone, die ich bei meinen Reisen nach Italien gesehen habe, ein Vorbild. Dort werden alte aufgeschnittene Blechkanister vom Olivenöl zur neuen Heimat des Gemüses. Manchmal muss man aber zu größeren Behältern greifen. Wenn es darum geht, Gurken oder Zucchini zu ziehen, reichen kleine Töpfe nicht aus. Da sind dann entweder große Eimer oder große Töpfe gefragt.

Nur die beste Erde ist gut genug
Bei der Erde beginnt schon das große Stirnrunzeln. Welche Erde ist für meine Köstlichkeiten, die ich später essen werde, die beste? Grundsätzlich sollte man eine Bioerde wählen. Das sind Erden, die ausschließlich mit organischem Dünger angereichert wurden. Außerdem enthalten sie viel Kompost, der für ein aktives Bodenleben verantwortlich ist. Ob mit Torf oder ohne Torf, kommt auf die persönliche Einstellung zu Umwelt und Natur an. Ich würde eine torffreie Erde empfehlen, denn Torf ist für große Naturzerstörung verantwortlich. Bei der Auswahl heißt es aber aufpassen, denn auch in Bioerden darf Torf enthalten sein.

Wann immer die Möglichkeit besteht, sollte man seine Erden selbst verbessern. Ich füge gern etwas normale Gartenerde (mein „Liebling" ist die Erde von Maulwurfshaufen) sowie Quarzsand und Tongranulat dazu. Die Mischung ist dann in etwa so: ⅔ Biopackungserde und der Rest zu gleichen Teilen Gartenerde, Sand und Tongranulat. Außerdem mische ich bei stark zehrenden Pflanzen (wie Tomaten, Gurken, Zucchini) gleich einen organischen Langzeitdünger dazu: Schafwollpellets, Hornspäne oder einen organischen Volldünger.

HERAUSFORDERUNG WASSERVERSORGUNG

Besonders wichtig ist die Versorgung mit Wasser, denn Gemüse ist an sich hart im Nehmen, nur längerfristige Trockenheit macht den Pflanzen bald den Garaus oder reduziert die Ernte drastisch. Daher ist es wohl am besten, wenn man sich schon beim Anlegen des Gemüsegartens in luftige Höhe überlegt, wie man das Gießen optimiert. Einerseits können es wasserspeichernde Blumenkisterln sein, dann tiefe Untersetzer, die allerdings bei längeren Regenperioden ausgeleert werden müssen, oder man installiert ganz einfache automatische Bewässerungen, die ohne große Technik funktionieren. Für mich ist das System mit Tonkegeln dabei das bewährteste, es kann auch über ein höher aufgestelltes Vorratsgefäß versorgt werden.

Tipp für die Gelassenheit

Bunte Mischung auch im Balkongemüsetopf

Das größte Problem auf dem Balkon (aber aus „leidvoller" Erfahrung auch im Garten) ist der Platz. Daher schlage ich eine bunte Mischung im Blumentopf oder Kisterl vor. Ich halte mich dabei nur bedingt an die sogenannten Mischkulturtabellen, denn es zeigten sich bei solchen „Minibeeten" niemals so große Auswirkungen. Tomaten wachsen aber doch am besten mit Basilikum; Bohnen gedeihen mit dem Bohnenkraut gut, und bei den Zucchini steht eine stattliche Zuckermaispflanze als Partner im Topf.

#tippfürdiegelassenheit

© vaivirg/Shutterstock.com

66

GEPFLANZT WIRD AB DEM FRÜHLING. ALS START KÖNNEN RADIESCHEN IN EINEM BLUMENKISTERL AUSGESÄT WERDEN. ABER SELBST EIN BLUMENTOPF REICHT, UM DIESE WÜRZIGEN VITAMINBOMBEN SELBST ZU ZIEHEN. SALATE, KOHLRABI UND LAUCH KOMMEN EBENFALLS AB MÄRZ IN DIE ERDE.

DER PARADIESAPFEL: DIE TOMATE *LYCOPERSICON ESCULENTUM*

Es ist eine Sucht, die einen befällt, wenn man einmal mit dem Kultivieren von Tomaten begonnen hat. Die Paradeiser, wie sie in weiten Teilen Österreichs genannt werden, zählen immerhin zu den beliebtesten Gemüsearten der Landsleute. Von den winzigen Ribisel-Paradeisern bis zu den fast ein Kilo schweren Fleischtomaten reicht die Palette.

© ChiccoDodiFC/Shutterstock.com

Wärme ist das Um und Auf
Kauft man keine Jungpflanzen (ab etwa Ende April), dann sollte man mit der Vorkultur im März beginnen. Zuerst werden die Saatschalen sehr warm aufgestellt, später dann kühl und hell, damit die Pflanzen nicht zu lang werden. Beim Pflanzen kann man deutlich tiefer setzen, als sie zuvor gestanden haben, dann bilden sie am Stamm weitere Wurzeln. Seitentriebe (die in den Blattachseln wachsen) ausbrechen, sonst entsteht ein Dickicht mit wenig Ertrag. Gedüngt wird ab Ende Mai mit Bioflüssigdünger, zuerst einmal pro Woche, später zweimal.

Erkrankte Teile immer sofort entfernen!
Blütenendfäule zeigt sich mit braunen Flecken genau gegenüber dem Stängelansatz. Diese Tomaten kann man verwenden, wenn man die braunen Teile wegschneidet.

Im Gegensatz dazu darf man aber die Früchte von Tomaten, die an Braunfäule erkrankt sind und bei denen auch die Blätter schon gelb oder braun sind, nicht ernten. Sie müssen entsorgt werden. Ist die Braunfäule einmal aufgetreten, dürfen im nächsten Jahr nur gut gereinigte Tomatenstäbe verwendet werden. Die Pflanzen sollten in diesem Fall besser vor Regen geschützt werden.

© Agenturfotografin/Shutterstock.com

Weise Erkenntnis

#weiseerkenntnis

Tomaten gedeihen im Topf besser

Es klingt unwahrscheinlich, aber es zeigt sich sehr oft, dass Paradeiser, die im Topf gezogen werden, mehr Früchte bringen. Das kann durch den Stress sein, dem die Stauden durch Platz- und Wassermangel ausgesetzt sind. So beginnen sie aus Überlebensangst früher zu blühen und setzen mehr Früchte an. Eines ist aber wichtig: Töpfe (vor allem die schwarzen Kunststoffgefäße) nicht direkt der Sonne aussetzen und durch Jute oder andere Materialien schützen. Die Wurzeln verbrennen im Hochsommer sonst und es kommt bei den Früchten zur Blütenendfäule.

ERFRISCHEND KÖSTLICH: GURKE *CUCUMIS SATIVUS*

Für mich ist die Kunst der Pflanzenzüchter bei diesem Gemüse am besten zu sehen. Sosehr ich auf alte Sorten setze, hier empfehle ich die modernen Sorten. Gerade im Topf haben sich Snackgurken bewährt. Sie liefern schon nach wenigen Wochen erste Früchte, und das über einen langen Zeitraum. Aber auch die schlanken Salatgurken gedeihen im Topf.

Wärmeliebende Kletterkünstler
Die Kultur der Gurken ist auch für ungeduldige Gärtner ideal, denn kaum hat man sie gesät, zeigt sich schon Leben. Die Saattöpfe warm aufstellen und nicht vor Ende April säen, denn die Pflanzen dürfen

nicht vor Mitte Mai ins Freie. Kälteeinbrüche bremsen das Wachstum über Wochen. Salatgurken an Schnüren hochziehen, Minigurken kommen ohne Kletterhilfe aus. Laufend ernten, denn viele Früchte an der Pflanze bremsen den Neuzuwachs.

© MarinaGreen/Shutterstock.com

© MarinaGreen/Shutterstock.com

DIE SCHÄRFSTEN MITBEWOHNER: CHILIS *CAPSICUM ANNUUM*

Chilis sind in den letzten Jahren zum großen Hit geworden. Je schärfer, desto besser ist das Motto. Dabei hängt es gerade bei diesem Gemüse vor allem vom Geschmack

ab, der als Begleitmusik für die Bereicherung von Speisen sorgt. Für Neueinsteiger heißt das, vor allem auf die Würze und weniger auf den Schärfegrad zu achten. Die Skala

reicht von „eins" – für absolut mild – bis „zehn" – für extrem scharf.

Nur wer früh startet, erntet!
Chilis sind die Ersten, die auf der Fensterbank vorgezogen werden, denn bis zur Ernte kann es 120 Tage dauern. Gesät wird in Schalen in Aussaaterde. Die Samen mit Erde bedecken und zwei Wochen bei 20 bis 25 °C aufstellen (Heizkörper oder Heizmatte). Nach dem Vereinzeln kühler platzieren. Im April schon stundenweise ins Freie, erst im Mai endgültig rausstellen – am besten geschützt vor Regen und möglichst warm. Wöchentlich düngen!

© KlavdiyaV/Shutterstock.com

© Ploberger

BUNT & GESUND: MANGOLD

BETA VULGARIS SSP. *VULGARIS*

Mangold ist ein vielseitiges Gemüse, denn sowohl die Optik mit den gelben, orangen und roten Stielen ist ansprechend als auch der Nutzen in der Küche: Die Blätter kann man für den Salat roh verwenden und dünsten wie Spinat. Die Stiele lassen sich als „Spargel des armen Mannes" zubereiten.

Kein Vorziehen notwendig

Mangold lässt sich sehr leicht kultivieren. Entweder man kauft sich vorgezogene Jungpflanzen oder legt die großen Samen gleich an den endgültigen Platz. Beachten sollte man den hohen Platzbedarf, denn das Wachstum ist stark. Man kann aber schon nach kurzer Zeit erste Blätter ernten, und nach einem milden Winter beginnt sogar noch einmal das Wachstum, ehe die Pflanze zu blühen beginnt.

ERNTE WIE VON ZAUBERHAND: PFLÜCKSALATE *LACTUCA SATIVA* VAR. *CRISPA*

Vor einigen Jahren wäre es noch undenkbar gewesen, dass man Salat im Blumentopf oder im Kisterl kultiviert. Heute Ist das gang und gäbe. Noch dazu sind viele Sorten extrem flott im Wachstum und dazu noch robust.

Vorkultur nicht nötig

Neueinsteiger werden wahrscheinlich die ersten Versuche mit vorgezogenen Pflänzchen unternehmen. Doch bald erkennt man, dass die Vorkultur unnötig ist. Einfach einen großen Topf wählen und die Samen breitwürfig, aber nicht zu dicht, ausstreuen. Leicht einarbeiten, angießen, und schon beginnt das Wachstum. Besonders gut wachsen 'Lollo Rosso' und 'Lollo Bionda'. Eine interessante Blattform haben der rote und der grüne Eichblattsalat sowie die Baby-Leaf-Sorten, die als besonders robust gelten und kaum mehltauanfällig sind. Mit

© goodbuka/Shutterstock.com

dabei sollte unbedingt Rucola (*Eruca sativa*) sein. Sagt ihm der Standort zu, beginnt er zu blühen und sät sich selbst aus.

Gartenirrtümer

Pflücksalate nur für wenige Wochen

Einmal gepflanzt, erntet man wochenlang. Selbst wenn die Pflanzen auswachsen, kann man noch die Blätter abzupfen und für den Salat verwenden. Das ist der große Unterschied zum Kopfsalat, der dann leicht bitter wird und weniger zart wächst. Mit einem Trick kann man die Ernte sogar verlängern. Schneidet man beim Pflücksalat das Herz heraus, beginnt er seitlich neue Blätter zu bilden, die besonders zart sind.

© LianeM/Shutterstock.com

AUCH BLÄTTER KANN MAN ERNTEN: ERBSE *PISUM SATIVUM*

Ohne Klettergerüst geht es bei den Erbsen nicht, dafür aber belohnt die Hülsenfrucht mit zarten Schoten oder mit köstlichen Samen. Und wer es gar nicht erwarten kann: Die ersten jungen Blätter sind köstlich im Salat und liefern einen Vorgeschmack auf die spätere Ernte.

Die Süßen lieben es wärmer

Bei den Erbsen unterscheidet man drei Arten: Palerbsen (werden Anfang März gesät), die Zucker- sowie die Markerbsen (kommen erst im April in die Erde). Bei allen kann man schon die kleinen Schoten ernten, am köstlichsten sind sie aber bei den Zuckererbsen. Sind die Schoten größer, gleich frisch in der Küche verwenden und die Samen nicht eintrocknen lassen. Wer im Abstand von drei bis vier Wochen nachsät, hat über den ganzen Sommer frische Erbsen. In Töpfen ideal in Kombination mit Gurken oder Tomaten, dann zwischen den Pflanzen ein Spalier für die Erbsen errichten.

WUCHSKRAFT PUR: BOHNE *PHASEOLUS VULGARIS*

700 Sorten und mehr machen diese Gemüseart zu einer der reichhaltigsten und dazu noch zu einer der dekorativsten. Denn als Sichtschutz erklimmen Stangenbohnen rasch ein Spalier und sorgen darüber hinaus für Blüten und Früchte. Wer es kompakter liebt, wählt die Buschbohnen. Besonders schätze ich die Sorte 'Blauhilde', denn ihre violetten Schoten verändern beim Kochen die Farbe in Grün.

Wüchsiger Spätstarter

Keine andere Pflanze kann so spät gesät werden und wirft dennoch Ertrag ab. Mitte bis Ende Mai in die Erde gelegt, startet die Bohne ihr Turbowachstum. Sät man früher, wird sie wie die Gurke durch die Kälte gebremst. Flach säen („Sie sollen die Glocken läuten hören") und immer gut feucht halten, sonst gibt's Spinnmilben. Kombiniert mit Starkzehrern wie Zucchini liefern die Wurzelbakterien der Bohnen den nötigen Stickstoff – den wichtigsten Pflanzennährstoff.

Sorte 'Neckarkönigin'

© jaap posthumus/Shutterstock.com

Sorte 'Blauhilde'

© Peter Turner Photography/Shutterstock.com

© Nadya So/Shutterstock.com

GARTENFRAGEN
ZUM THEMA GEMÜSE

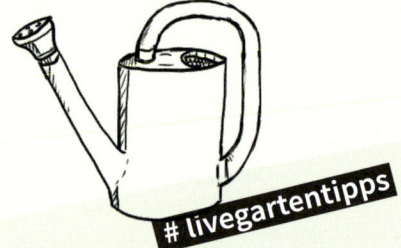

livegartentipps

Kann ich auf einem Balkon an der Nordseite auch Gemüse kultivieren? Nur für wenige Wochen kommt im Hochsommer die Sonne in der Früh.

Der Nordbalkon ist für die Kultur von Tomaten, Gurken oder Chilis nicht geeignet. Aber perfekt wachsen sicherlich hier alle Pflücksalate. Auch Bohnen und Erbsen würde ich versuchen, auch wenn die Ernte nicht so groß sein wird wie auf einem Sonnenbalkon.

Lassen sich eigentlich auch Kartoffeln auf dem Balkon ziehen?

Ganz klares Ja! Der sogenannte Kartoffeltopf bringt sogar eine erstaunliche Ernte. Einen Topf mit mindestens 50 cm Durchmesser mit zunächst 15 cm sandiger, gut gedüngter Erde befüllen. Drei bis fünf Erdäpfel auflegen (je nach Sorte mehr oder weniger) und mit weiteren 10 cm Erde bedecken. Sind die Pflanzen gewachsen, dann Erde nachfüllen, sodass immer noch ein wenig Grün herausschaut. Den Vorgang wiederholen, bis der Topf voll ist. Nun gut feucht halten, evtl. etwas düngen und ernten, sobald das Laub eingezogen ist.

Gibt es eine Möglichkeit, auf dem Balkon zu kompostieren?

Die gibt es: Die sogenannte Wurmbox ermöglicht nicht nur auf dem Balkon, sondern sogar in der Wohnung selbst, dass Abfälle zu wertvollem Wurmhumus werden. Sogar das Wasser, das austritt, wird gesammelt und kann als Dünger verwendet werden. Wer sich genau an die Anleitung hält, wird niemals Probleme mit Geruch oder Mücken haben.

Man sagt, das Wasser vom Kartoffelkochen enthalte Düngestoffe. Kann ich damit mein Gemüse auf dem Balkon düngen oder muss ich bezüglich Verträglichkeit aufpassen, weil es ebenfalls von einer Gemüsepflanze stammt?

Da gibt es keinerlei Verträglichkeitsprobleme, das abgekühlte Wasser kann unverdünnt zu allen Pflanzen gegossen werden. Auch Kaffee- und Teereste lassen sich zum Gießen verwenden. Und bleibt einmal Bier übrig, kann auch das als „Kraftnahrung" zu den Pflanzen geschüttet werden.

Mangold, Grünkohl, Kapuzinerkresse & Co. lassen sich perfekt im Hochbeet kultivieren

© Peter Turner Photography/Shutterstock.com

Mein Flüssigdünger hinterlässt schwarze Flecken auf dem Balkonpflaster. Gibt es da nichts „Farbloses"?

Biodünger sind aus Vinasse, und diese enthält Farbstoffe, die an sich unbedenklich sind, aber eben dunkle Flecken hinterlassen. Mein Trick: Gießen Sie ganz wenig von dem Dünger (aber nur von diesen Vinassedüngern) auf die Erde und verdünnen Sie ihn dort mit etwas Wasser.

Kann ich Erde vom Vorjahr wiederverwenden oder muss ich sie immer austauschen?

Sind es kleine Gefäße, dann würde ich die Erde unbedingt erneuern. Durch das viele Gießen und Düngen sammeln sich nämlich Salze in der Erde, die langfristig das Wachstum behindern. Bei größeren Gefäßen (Tischbeeten oder auch Pflanztrögen) ergänzt man jährlich durch neue Erde.

Gehen Samen, die übrig bleiben, eigentlich kaputt oder kann man sie nach einiger Zeit wiederverwenden?

Samen sind nach ganz unterschiedlichen Zeiten nicht mehr keimfähig. Tomatensamen halten sehr lange, einige Kräuter keimen schon nach wenigen Monaten nicht mehr. Damit Saatgut länger hält, sollte man es dunkel in gut verschlossenen Boxen (Kühlschrankdosen) aufbewahren. Damit die Luftfeuchtigkeit niedrig bleibt, kann man die kleinen Siliciumsäckchen dazulegen, gefüllt mit Kieselgel, die man oft bei elektronischen Geräten als Verpackungsbeigabe findet.

Sind Gemüsepflanzen empfindlich, wenn man mit Leitungswasser gießt? Oder mögen sie den Kalk?

Fast alle Gemüsepflanzen benötigen für ein kräftiges Wachstum Kalk. Daher werden auch die Felder von den Gemüsebauern gern gekalkt. Das Leitungswasser jedenfalls schadet Gemüsepflanzen nicht. Wann immer es geht, sollte es aber vorgewärmt sein. Ist es chloriert, dann in großen Eimern stehen lassen, der Desinfektionszusatz verflüchtigt sich nach einigen Stunden.

Ich habe so viele verschiedene Biodünger daheim. Auf jeder Packung steht, dass er für andere Pflanzenarten verwendet werden soll. Was passiert, wenn ich damit mein Gemüse dünge? Ich besitze nämlich keine Zierpflanzen mehr.

Alle Biodünger können im Prinzip für alle Gemüsepflanzen verwendet werden. Man benötigt auch keine speziellen Dünger für Gemüse, wie Tomatendünger etc. Verwendet man einen Biovolldünger, der zum Start in die Erde gemischt wird, reicht das für einige Wochen. Später mit Flüssigdünger nachgießen.

© jyd39/Shutterstock.com

PARADIESÄPFEL & BEERENTRÄUME

Ist es ein Nachteil, mitten in der Stadt zu leben, ganz ohne Garten? Es kommt darauf an, wo man arbeitet, und es zählen auch viele andere persönliche Umstände. Doch wenn wenigstens Balkon oder Terrasse vorhanden sind, kommt man dem Paradiesgärtlein durchaus nahe – mit Äpfeln, wie schon einst im Paradies, und Beeren, die es sonst nur in Träumen gibt. Grundsätzlich ist nämlich alles möglich: Apfel- oder Birnbaum, Zwetschke, Kirsche, Marille oder Pfirsich und dazu die ganze Palette Beeren, wie Erdbeeren, Himbeeren, Brombeeren oder Heidelbeeren, wachsen im Topf – nicht zuletzt dank neuer Züchtungen, die besonders kompakte Wuchsformen aufweisen.

BEEREN ALS BALKON-NASCHOBST

Erdbeeren und Brombeeren, die in Ampeln wachsen und wo die Früchte beinahe in den Mund hängen, Himbeerstauden, die nicht größer werden als einen halben Meter, Heidelbeeren, die zwei Mal Früchte tragen – Beeren sind der große Hit auf Balkon und Terrasse. Vor allem die süßen Erdbeeren begeistern alle: Ob als Walderdbeere oder als die in Österreich sogenannte Ananas-Erdbeere – sie alle gedeihen perfekt. Der Balkon oder die Terrasse sind trotzdem extreme Standorte – für alle Pflanzen, auch für die Beerengehölze. Die in den vergangenen Jahren gezüchteten Zwergformen kommen aber gut mit diesen Bedingungen zurecht. Zwergformen gibt es bei Brombeeren, Himbeeren und Heidelbeeren.

Humose Erde ist wichtig

Bei allen Beeren heißt es, für ein gesundes Wachstum zu sorgen. Das beginnt mit einer humosen, gut wasserspeichernden Erde. Diese mischt man am besten selbst zusammen. Ich nehme Rhododendronerde (möglichst torffrei) und die meist sehr lockere Aussaaterde (jeweils ⅓) und gebe dann noch Quarzsand und Tongranulat (⅓) hinzu. Als idealer Dünger und Wasserspeicher hat sich Schafwolle gezeigt, die ich in die Töpfe lege und damit als Mulch die Erde abdecke. Die einzigen, die wirklich ganz andere Ansprüche stellen, sind Heidelbeeren. Sie benötigen ein absolut saures Substrat, sonst kommt es zur Chlorose (siehe Pflanzenporträt Heidelbeere).

Beim Düngen heißt es nicht zaghaft sein. Auch wenn viele der Beeren ursprünglich im Wald oder am Waldrand und dort in eher nährstoffarmen Böden wuchsen, so benötigen die neu gezüchteten Sorten relativ viel Kraft. Diese bilden nämlich sehr viele Früchte.

Hänge-Brombeere 'Coolaris Cascata Black'
© Volmary GmbH

Hänge-Erdbeere 'Camara F1'
© Volmary GmbH

NEBEN BALKONTAUGLICHEN
OBSTGEHÖLZEN GIBT
ES AUCH KOMPAKT
WACHSENDE HIMBEEREN
UND BROMBEEREN, DIE ALLE
AUF IHREN EINJÄHRIGEN
TRIEBEN FRUCHTEN UND
SO SCHON IM ERSTEN JAHR
NASCHFÄHIGE ERTRÄGE
LIEFERN.

© haeberli-beeren.ch

DIE SCHLANKEN SIND IM VORMARSCH

Der absolute Trend der letzten Jahre in kleinen Gärten und auf Terrassen ist der Säulenbaum. Die ersten Apfelbäume der Ballerina-sorten waren bereits ein Renner. Neue Sorten, die geschmacklich noch besser und die noch robuster gegen Krankheiten wie Mehltau oder Schorf sind, haben ihnen aber zuletzt den Rang abgelaufen. Interessant und vor allem mit einer garantierten jährlichen Ernte sind die Sorten der Cats-Serie: 'Starcats', 'Redcats' und 'Suncats' wachsen langsam und kompakt. Alle Topfobstsorten sind auf besonders schwach wachsenden Unterlagen veredelt, was bedeutet, dass ihr Wurzelwachstum sehr schwach ist. Daher besteht bei älteren Bäumen die Gefahr, dass sie ohne Baumpfahl bei Wind oder auch starkem Fruchtbehang abbrechen, da Fruchtmenge und Wurzelstock hier nie im richtigen Verhältnis sind.

Pflanzenschutz ist bei diesen Bäumen einfach, denn meist treten lediglich Blattläuse auf, die sich leicht mit Schmierseifenwasser beseitigen lassen. Ist der Standort zu trocken – zum Beispiel bei einem überdachten Balkon –, könnten Spinnmilben zum Problem werden. Hier hilft konsequentes Übersprühen beim Gießen.

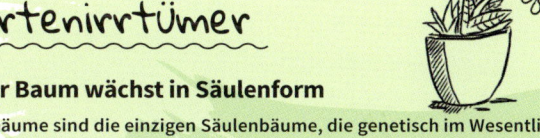

Gartenirrtümer

Jeder Baum wächst in Säulenform

Apfelbäume sind die einzigen Säulenbäume, die genetisch im Wesentlichen auf ein straff aufrechtes Wachstum programmiert sind. Alle anderen Obstbäume, wie Zwetschke, Kirsche etc., sind im Prinzip „kleine Bäume", die auf schwach wachsenden Unterlagen veredelt wurden. Hier gilt es, durch einen gezielten jährlichen Schnitt das kompakte Wachstum zu erhalten. Man sagt, ein Rückschnitt aller Seitentriebe im August auf 15 cm garantiert den Säulenwuchs – auch über viele Jahre.

#gartenirrtum

29

SAUER MACHT LUSTIG: RIBISEL ODER JOHANNISBEERE

RIBES RUBRUM, R. NIGRUM UND *R. SATIVA*

Topf-Johannisbeere 'Summer Pearls Patio Black'

© Volmary GmbH

Dass Ribiseln, also die Johannisbeeren, bloß rot sind, gehört der Vergangenheit an: Schwarze und Weiße sind längst bekannt, es gibt sogar eine Grüne: 'Vilma' ist eine solche mit dem Geschmack der Schwarzen Johannisbeere. Jene, die Besonderes suchen, setzen Grüne und Schwarze Ribiseln in einem Topf: 'Cassissima Blackbells' und 'Cassissima Greenlife'.

Tiefer setzen fördert Wachstum

Johannisbeeren gedeihen auch in größeren Töpfen und sollten an einem sonnigen Platz stehen, die Erde soll locker und humusreich sein. Die Gehölze entwickeln besonders viele Seitentriebe, wenn sie beim Pflanzen etwas tiefer eingegraben werden, als sie in der Baumschule gestanden haben. Die Erde mit Rindenmulch abdecken. Nach drei bis fünf Jahren die ältesten Äste herausschneiden. Immer gut mulchen – Flachwurzler!

Tipp für die Gelassenheit

Pfirsich lebt auch mit Kräuselkrankheit

Ob Minipfirsich, Balkonnektarine oder ein Baum im Freiland – die Kräuselkrankheit schlägt überall zu. Die verkrüppelten Blätter sind meist gelbgrün und fallen nach einiger Zeit ab. Besonders stark ist der Befall, wenn das Frühjahr regnerisch ist. Doch geht es dem Baum insgesamt gut (ist er also ausreichend mit Nährstoffen versorgt), dann kann man die kranken Blätter entfernen und der Neuaustrieb bleibt weitgehend gesund. Spritzungen mit Pflanzenstärkungsmittel sind aber immer angebracht.

© Anakumka/Shutterstock.com

#tippfürdiegelassenheit

© Ploberger

ZIERDE UND GESCHMACK: MINIPFIRSICH

PRUNUS PERSICA

Die kleinen kompakten Pfirsich- und Nektarinenbäumchen werden im Frühjahr oft als Ziergehölz gekauft, denn sie schmücken sich über und über mit Blüten. Dabei sind die Früchte, die im Sommer reifen, eine Köstlichkeit. Allerdings nur dann, wenn man sie ausreichend mit Wasser und Dünger versorgt.

Stärken und Genießen

Damit dieser Minibaum gesund bleibt, heißt es, die Pflanze ausreichend zu düngen – am besten im Frühjahr einen organischen Langzeitdünger oberflächlich einarbeiten. Zum Stärken mehrmals über die Blätter der Pflanze Schachtelhalmextrakt kombiniert mit Effektiven Mikroorganismen sprühen. Wer seinen Minipfirsich vor Regen geschützt aufstellen kann, hat keine Probleme mit der Kräuselkrankheit.

SCHLANKER VITAMINSPENDER: SÄULENAPFEL *MALUS DOMESTICA*

© haeberli-beeren.ch

Mit diesen schlanken Bäumen hat vor gut 20 Jahren alles begonnen und die Züchter waren seither nicht untätig. So tragen Säulenäpfel nun wirklich köstliche Früchte und sind weniger krankheitsanfällig.

Wobei ein Trick bei der Topfkultur viel Ärger erspart: Ab März bis Anfang Juni die Pflanzen vor Regen schützen, dann gibt es keinen Schorf. Wurden sehr viele Früchte gebildet, dann im Juni ausdünnen. So kostet das den Baum nicht zu viel Kraft und er wird auch im kommenden Jahr blühen.

Neue Sorten – kein Schnitt

Damit die Bäume gut wachsen, wählt man einen Topf mit 50 cm Durchmesser. Die Erde immer mit Tongranulat mischen, damit sie locker bleibt. Beim Setzen die Veredelungsstelle über der Erde platzieren und gleich einen Pflanzstab vorsehen. Gedüngt wird jährlich im Frühjahr (kräftig!), geschnitten wird nicht. Wächst einmal ein Seitenast stärker, dann auf 15 cm reduzieren. Ist der Baum nach sechs bis acht Jahren zu hoch geworden, im August einkürzen. Im Winter mit Jute, Holzwolle und Vlies gut einpacken.

ERNTEGLÜCK FÜR WOCHEN: BROMBEERE *RUBUS FRUTICOSUS*

Brombeeren sind als Superfood in den letzten Jahren zum neuen Star in den Obstregalen geworden. So gehören sie auch wieder zu den Stars im Garten, nachdem sie einige Zeit durch ihr unbändiges Wachstum eher in Missgunst gefallen sind.

Die neuen dornenlosen Sorten lassen sich leichter ziehen und die kompakten Balkonsorten sind der absolute Renner.

Pflege ist leicht

Abgesehen von den Balkonsorten, benötigen Brombeeren ein stabiles Gerüst zum Anbinden. Da

Topf-Brombeere 'Coolaris Patio Black'

© Volmary GmbH

die Ruten bis zu 3 m lang werden, sollte das Spalier gut 2,5 m hoch sein. Die Triebe dann palmettenförmig aufbinden. So lassen sich ideal Terrassenwände begrünen. Im Frühjahr kräftig mit Dünger versorgen und gut mulchen. Die abgeernteten Triebe im Spätsommer bodeneben abschneiden und die inzwischen neu gewachsenen festbinden. Dort werden sich im kommenden Jahr die neuen Blüten und Früchte bilden. 'Coolaris Patio Black' ist die beste Brombeere für Ampeln, sehr wüchsig ist 'Navaho' (köstliche Früchte) oder 'Ouachita'.

NASCHOBST PUR: HEIDELBEERE *VACCINIUM CORYMBOSUM*

'Hortblue Petite®'

© baumschule-steiner.at

'Bluecrop'

© Lubera.com

Für mich sind Kulturheidelbeeren die idealen Naschbeeren. Sie sind extrem robust und werden von kaum einem Schädling befallen. Die einzige Notwendigkeit für ein gesundes Wachstum sind die richtige Erde und der passende Dünger. So wie Rhododendren oder Azaleen benötigen Heidelbeeren eine kalkfreie Erde und einen Dünger, der dieses „saure" Substrat auch erhält. Bei den Sorten sind 'Blue Crop' oder die mehrmals tragende 'Hortblue Petite®' zu empfehlen.

Heidelbeeren mögen es nicht einsam

Die Pflanzgefäße sollten nicht zu klein sein; ideal sind kleine Tröge, in denen zumindest zwei Pflanzen einer Sorte Platz finden. Dadurch kommt es zu einer besseren Befruchtung. Gedüngt wird immer im Frühjahr. Die passenden Dünger enthalten etwas Schwefel, der den Kalk neutralisiert. Wann immer es geht, sollte man mit Regenwasser gießen. Geschnitten werden die Heidelbeeren erst nach einigen Jahren zum ersten Mal. Dabei die ganz alten Äste herausschneiden – am besten bis dorthin, wo sich bereits ein junger, neuer Seitentrieb gebildet hat.

Weise Erkenntnis

Obst ist Zierde und Schmuck

Gerade bei der Garten- oder Kulturheidelbeere ist der Zierwert groß. Die Gehölze schmücken sich im Frühjahr über und über mit kleinen weißen, glockenartigen Blüten, die ein Magnet für Bienen und Hummeln sind. Den Sommer über sind die dunkelgrünen Blätter eine Zierde, kombiniert mit den schwarz glänzenden Früchten. Aber so richtig aufmerksam wird man auf die Heidelbeeren im Herbst, denn die Färbung der Blätter in leuchtendem Gelb oder Orange ist ein Hingucker.

#weiseerkenntnis

MACHT LUST AUF MEHR: HIMBEERE *RUBUS IDAEUS*

Die süßen Früchte der Himbeerstauden sind ein Leckerbissen – und das über Monate. Den Auftakt machen bereits im Juni die Sommerhimbeeren, die auf den vorjährigen Trieben blühen und fruchten. Anschließend kommen die Herbsthimbeeren, die meist schon ab Anfang August mit ersten Blüten aufwarten. Gerade im Topf ist es wichtig, dass man die Pflanzen gut mit Wasser versorgt. Ist es zu trocken, wirft die Pflanze die Blüten ab, ohne dass es zu einer Befruchtung kommt.

Richtig schneiden bringt Früchte
Es scheint kompliziert zu sein, wie man Himbeeren schneidet, aber es ist gar nicht so schwer. Bei Sommerhimbeeren, die im Juni fruchten, werden nur die alten Triebe (die gerade abgeerntet wurden) bodeneben abgeschnitten. Die neuen Triebe bleiben stehen, denn da sind im kommenden Jahr die Früchte dran. Bei den Herbsthimbeeren ist es anders. Sie fruchten an den neuen Trieben. Allerdings – und jetzt wird es doch wieder kompliziert –, tragen sie zwei Mal.
Lässt man im Spätherbst die gerade abgeernteten Triebe stehen und schneidet sie nur auf 50 cm zurück, dann tragen sie sowohl im Sommer als auch im Herbst köstliche Früchte.

Topf-Himbeere 'Summer Lovers Patio Red'
© Volmary GmbH

SÜSSE VERFÜHRUNG: ERDBEERE *FRAGARIA × ANANASSA*

Als Beerenobst zählt die Erdbeere sicherlich zu den beliebtesten Früchten. Reifen im Juni die ersten Beeren, beginnt eine wochenlange Ernte, wenn man die richtigen Sorten gewählt hat. Neben den einmaltragenden Erdbeeren, die in kurzer Zeit besonders viele Früchte liefern, sind die mehrmals tragenden für Balkon und Terrasse besonders ideal.

Ohne Dünger keine Ernte
So karg der Boden scheint, in dem Walderdbeeren am ursprünglichen Standort wachsen, im Topf sind ohne Nährstoffe kaum gute Ernten möglich. Achten sollte man immer auf die Pflanzengesundheit, daher alle braunen oder von einem Pilz befallenen Blätter (braune Flecken zeigen es an) entfernen. Im Frühjahr die Pflanzen komplett zurückschneiden. Nach drei Jahren die Erdbeeren ersetzen, dann lässt die Ernte nämlich spürbar nach.

Topf-Erdbeersorte 'Summer breeze'
© haeberli-beeren.ch

Topf-Erdbeere 'Toscana'
© Volmary GmbH

GARTENFRAGEN
ZUM THEMA OBST

livegartentipps

Kann man die großen Töpfe von Obstbäumen zusätzlich auch für andere Pflanzen nutzen? Blumen oder Gemüse?

Ganz bestimmt ist eine Unterpflanzung bei großen Töpfen möglich. Entweder man wählt Blütenpflanzen, Stauden oder auch Gemüse und Kräuter. Beachten sollte man nur den Dünge- und Wasserbedarf. Der könnte bei solchen Unterpflanzungen deutlich höher sein.

Ich finde die Walderdbeeren am köstlichsten, gibt es da auch Sorten oder sind alle von den wilden, in der Natur wachsenden Sorten vermehrt?

Nein, da gibt es einige Sorten. Unter dem Überbegriff Monatserdbeere sind es zum Beispiel 'Rügen' und 'Alexandria'. Die echte Walderdbeere ist ein idealer Bodendecker, auch bei Töpfen. Sie bilden einen dichten Bewuchs und tragen wochenlang. Mit etwas größeren Früchten und dem Geschmack der Walderdbeere sehr ähnlich ist 'Mara de Bois'. Sie gehört aber zu den mehrmals tragenden Erdbeeren.

Wie kann ich es mir vorstellen, dass ein Säulenbaum um die Hälfte eingekürzt wird?

Säulenbäume wachsen in den Himmel. Sind sie (im Freiland) dann gut 5 m hoch, sollte man sie einkürzen. Im Topf auf der Terrasse allerdings schon früher. Reduziert wird das Gehölz um gut die Hälfte, und zwar im August. Der Schnitt erfolgt knapp über einem Seitentrieb. Schneidet man im Winter, kann es sein, dass das Gehölz im Frühjahr mit vielen Trieben stark durchtreibt. Sollte das passiert sein, dann diese „Wassertriebe" wegreißen (so entstehen keine neuen Triebe aus den sogenannten schlafenden Augen) und nur einen belassen.

Können Kiwis auch im Topf kultiviert werden?

Klar geht das, aber wenn, dann nur die Minikiwi (*Actinidia arguta*). Diese Kiwi ist robuster und wüchsiger. Allerdings beginnt der Fruchtansatz – wie bei allen Kiwis – erst nach drei bis fünf Jahren so richtig. Den Winter über sollten Sie Topf und Pflanze gut mit Vlies, Jute und Holzwolle schützen. Bei starken Frösten evtl. in eine unbeheizte Garage stellen.

© Ira Kozhevnikova/Shutterstock.com

Wie lange wächst eine Heidelbeere im Topf? Muss man sie nach einigen Jahren ersetzen?

Heidelbeeren können mehrere Jahre (Jahrzehnte) im Topf gehalten werden. So wie bei allen Kübelpflanzen sollte man das Gehölz aber alle paar Jahre umsetzen. Im Herbst, nach dem Laubfall, oder im zeitigen Frühjahr aus dem Topf nehmen, Wurzelballen um ⅓ reduzieren (am besten mit einer alten Bogensäge die Erde regelrecht absägen) und neu pflanzen. Die Topfgröße dabei nicht zu stark verändern. Wichtig ist, dass Sie „saure" Erde und Rhododendrondünger verwenden. Zuletzt die Äste ebenfalls einkürzen.

Meine Erdbeeren sehen ganz gesund aus, doch die Früchte bleiben klein und kümmerlich. Was soll ich tun?

Hier ist offenbar entweder zu wenig gegossen oder zu wenig gedüngt worden. Oder es hat der Erdbeerblütenstecher zugeschlagen. Den wehrt man im Frühjahr bei der Blüte im April z. B. mit einem Insektenschutznetz ab. Sind es generell wenig Früchte, könnte der Befruchtungspartner fehlen. 'Mieze Schindler' ist beispielsweise selbstunfruchtbar und benötigt eine andere Sorte, z. B. 'Senga Sengana'. Und nicht übersehen sollte man die Bodenmüdigkeit. Wo Erdbeeren gestanden haben, darf man erst nach drei Jahren wieder welche setzen.

Nach einer großartigen Ernte im vergangenen Jahr hat unser Säulenapfelbaum (Sorte unbekannt) dieses Jahr überhaupt nicht geblüht. Fehlen ihm Nährstoffe?

Viele der (älteren) Säulenobstsorten leiden unter der sogenannten Alternanz. Das bedeutet, dass am Baum in einem Jahr über und über Früchte sind, im kommenden Jahr aber keine. Ganz lässt sich das nicht verhindern, man kann es nur durch ein rechtzeitiges Ausdünnen im Juni erreichen. Zu dieser Zeit baut nämlich der Baum schon die Blütenknospen fürs nächste Jahr auf. Hat er seine ganze Kraft in die neuen Früchte gesteckt, kommt es zu keiner Ernte im folgenden Jahr.

Muss man bei Beerensträuchern auch auf die Mischkultur achten? Oder – anders gefragt – was kann ich zusammensetzen?

Gerade Beerensträucher lassen sich hervorragend kombinieren. Brombeeren zusammen mit Johannisbeeren oder Himbeeren kombiniert mit Heidelbeeren (die Himbeeren mögen auch den sauren Boden) passen ideal zusammen. Unterpflanzt mit Erdbeeren ist das Paradies schon fast perfekt.

Kräuterlust im Topf

WÜRZEN UND HEILEN

Es gibt wohl keine anderen Pflanzen, die Balkon oder Terrasse besser „würzen"! Wenn schon Genuss in luftiger Höhe, dann dürfen die Kräuter nicht fehlen. Schnell für den Salat etwas Petersilie pflücken, das besondere Aroma für den Drink wählen und ein Blatt Zitronenverbene in den Sommerspritzer geben, oder doch Salbei für einen heilenden Tee nutzen? Der Kräutergarten in Töpfen lässt keine Wünsche offen und bietet gleich neben einer attraktiven Dekoration auch noch Futter für Insekten.

© LiliGraphie/Shutterstock.com

© Tatjana Michaljova/Shutterstock.com

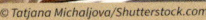

WENN GAUMEN UND NASE GÄRTNERN

Gärten, Balkone, Terrassen und Fensterbänke würden völlig anders aussehen, wenn ausschließlich unser Geschmack oder unser Geruch gärtnern würden. Nur die schönsten Duft- und Würzpflanzen würden Töpfe und Beete füllen. Daher ein Plädoyer für die Kräuter, die herrlichste Würze für unsere grünen Oasen!

Es sind vor allem die vielen mediterranen Kräuter, die wir um uns haben wollen – um ein wenig den Duft zu genießen, vor allem aber, um zu würzen. Was wäre ein Saltimbocca ohne frischen Salbei oder die herrlichen Ofenkartoffeln ohne Olivenöl, Sesam und Salbei? Genug der kulinarischen Schwärmerei, hier geht es um die Kräuterkultur.

MANCHE MÖGEN'S HEISS

Mediterrane Kräuter wie Rosmarin, Salbei, Thymian oder Oregano können sich besonders gut an die extremen Witterungsbedingungen anpassen, denn sie sind Gäste aus dem Süden. Viele kommen mit der großen Hitze, mit dem oft starken Wind oder auch mit einem heftigen Gewitterregen hervorragend zurecht. Die Voraussetzungen müssen aber dennoch stimmen. Wie immer gilt es, die richtige Erde zu wählen. Küchenkräuter, die oft sehr wüchsig sind, benötigen nährstoffreiche Erde. Die Kräuter aus dem Süden dagegen lieben es durchlässig und karger.

Kräuter sind robust
Das Gießen verlangt weniger Fingerspitzengefühl, als man denkt.

ICH ERINNERE MICH AN EINE WANDERUNG AM RAND DER AMALFIKÜSTE IN SÜDITALIEN. EIN GLÜHEND HEISSER SOMMERTAG UND RUND UM MICH VERSTRÖMTE ROSMARIN SEINEN DUFT. MITTEN ZWISCHEN DEN FELSEN STANDEN DIE WÜRZIGEN, KNORRIGEN GEHÖLZE UND ZOGEN MICH SO IN IHREN BANN, DASS SEITHER ROSMARINUS OFFICINALIS MEIN LIEBLINGSKRAUT IST. ZAHLREICHE WINZIGE SÄMLINGE FUHREN AUF DER HEIMREISE MIT. EINER ÜBERLEBTE JAHRELANG AM BALKON – ALS KNORRIGER KLEINER BONSAI.

© Ploberger

© LiliGraphie/Shutterstock.com

PYRAMIDEN VOLLER KRÄUTER-VIELFALT

Bei den Pflanzgefäßen ist gerade bei Kräutern die Auswahl am größten. Ich finde es z. B. sehr attraktiv, wenn man kleine Pyramiden aus Tontöpfen bepflanzt. Das funktioniert ganz einfach: Eine große Tonschale mit etwas Erde (gemischt mit Tongranulat) füllen und einen etwas kleineren Blumentopf in der Mitte platzieren. Rundherum wird Oregano gepflanzt. Der kleinere Topf wird mit Erde befüllt, die etwas sandiger ist. Da kommt Thymian hinein. Ebenfalls nur an den Rand, denn in die Mitte kommt der nächste kleinere Topf und in dem steht Rosmarin in mediterranem Substrat (⅓ Gartenerde, ⅓ Splitt, ⅓ Sand).

Genau so lassen sich auch Küchenkräuter (z. B. von unten nach oben Salbei, Petersilie und Schnittlauch) setzen. Wobei man hier umgekehrt im unteren Teil eher mehr Splitt einfügt, beim Schnittlauch dagegen kräftiger Langzeitdünger (Schafwollpellets oder Hornspäne) untermischt.

So kommen selbst die sonnenhungrigen Südländer mit mehr Wasser zurecht, überstehen aber auch einige Tage Dürre. Bei den Küchenkräutern (wie Schnittlauch, Petersilie, Dill, Minze usw.) heißt es aufpassen, denn ein Zuviel an Wasser vertragen sie noch ganz gut, solange es keine Staunässe gibt. Trockenheit über einen längeren Zeitraum kann aber relativ rasch diesen sonst wüchsigen Pflanzen den Garaus machen. Tauchen Schädlinge auf, heißt es bei Kräutern, die meist roh auf den Teller oder ins Glas kommen, besonders sanft vorzugehen. Von Pilz (meist Mehltau) befallene Teile müssen entsorgt werden. Sind hingegen nur Blattläuse auf den Pflanzen, einfach mit Wasser abwaschen.

Tipp für die Gelassenheit

Richtige Erde schafft Gesundheit

Es ist bei Pflanzen grundsätzlich so, dass sie in der richtigen Erde gesund wachsen. Das gilt insbesondere bei mediterranen Kräutern. Sie entwickeln die größte Würzkraft dann, wenn sie ums Überleben kämpfen. Gibt man sie in zu nährstoffreiche Erde, beginnen sie stärker zu wachsen, werden aber anfällig für Mehltau & Co. Kaum Duft stellt sich dann ein, dafür Horden von Blattläusen. Daher Sand, Kies und etwas normale Gartenerde mischen und die Amalfiküste hält prompt Einzug auf dem Balkon.

#tippfürdiegelassenheit

DER MEISTBEGEHRTE: SCHNITTLAUCH *ALLIUM SCHOENOPRASUM*

© Bildagentur Zoonar GmbH/Shutterstock.com

Verkaufsstatistiken zeigen: Der Schnittlauch zählt zu den wichtigsten Kräutern. Und so steht er im Garten genauso in Reih und Glied wie auf dem Balkon oder auf der Fensterbank in der Küche. Junge Blüten sind eine ideale Bereicherung im Salat. Die schnelle Würzpflanze aus der Familie der Zwiebelgewächse ist pflegeleicht, hat aber dennoch einige Wünsche.

Viel Licht, viel Dünger und Frost

Schnittlauch gedeiht gut im Topf. Die Packungserde mit organischem Langzeitdünger mischen und nicht zu tief setzen. Je heller die Pflanze steht, desto besser wächst sie. Volle Sonne und Hitze bremsen aber das Wachstum. Wöchentlich flüssig düngen. Immer nur bis auf halbe Höhe zurückschneiden, das regt neues Wachstum an. Ab August nicht mehr schneiden und – ganz wichtig – im Winter einige Wochen dem Frost aussetzen. Dann startet der Schnittlauch wieder mit kräftigem Wachstum durch.

GELIEBT UND STÖRRISCH: DIE PETERSILIE *PETROSELINUM CRISPUM*

Petersilie ist normalerweise ein Wurzelgemüse, doch es gibt Schnittsorten – besonders wüchsig ist die Krause Petersilie. Ob als vorgezogene Pflanze oder selbst ausgesät – Petersilie kann oft sehr störrisch sein. Wird sie im Garten mehrmals an dieselbe Stelle gesetzt, ist sie absolut selbstunverträglich. Daher gilt auch für den Balkon: Niemals in dieselbe Erde setzen und die Töpfe gut reinigen.

Zum Start ist Wärme gefragt

So kälteverträglich das Kraut auch ist, bei der Aussaat mag es Wärme. Daher bleibt es mickrig, wenn es zu früh gesät wurde. Gut düngen, lautet die Devise, und immer nur die äußeren Blätter, niemals das „Herz" abzupfen. Tauchen Blattläuse auf, einfach unter der Wasserleitung abwaschen. Bei Mehltau die befallenen Teile entfernen und vorbeugend mit Backpulverwasser sprühen.

© Stephen Plaster/Shutterstock.com

© Peter Turner Photography/Shutterstock.com

Gartenirrtümer

Kräuter im Topf wachsen ewig

Es sind extreme Verhältnisse, denen Pflanzen in einem Blumentopf ausgesetzt sind. Man muss sich vorstellen, dass bei im Freiland wachsenden Pflanzen die feinen Fadenwurzeln oft in große Tiefe reichen – ein Meter ist da oft die Untergrenze. Daher ist die Lebenszeit für Kräuter im Topf beschränkt. Verlängern kann man sie, indem man regelmäßig teilt und umpflanzt.

#gartenirrtum

© Marilyn Barbone/Shutterstock.com

Zitronenthymian

© Skyprayer2005/Shutterstock.com

GENÜGSAM: THYMIAN

THYMUS VULGARIS

Im Garten ist er in Pflasterritzen oder Trockenmauern daheim, am Balkon in Schalen und Töpfen in Kies und Sand. Je karger, desto besser geht es ihm. Unter den vielen Sorten sind Zitronen- und Orangenthymian die würzigsten. Die Pflanzen sind eine große Zierde und ein Magnet für Bienen. Als Unterpflanzung von Kübelpflanzen eignet sich Thymian perfekt. Dazu sollte aber die oberste Schicht mit Sand abgemagert werden. Damit man dennoch die Kübelpflanze düngen kann, Löcher mit einem Holzstück schlagen und dort den Dünger einfüllen.

Kaum Wasser, wenig Dünger
Damit die Würze besonders intensiv ist, benötigt Thymian einen vollsonnigen Platz. Die Erde ist zu je ⅓ mit Splitt (Tongranulat) und Sand gemischt. Als sanfter Dauerdünger haben sich Schafwollpellets bewährt. Düngt man zu viel, verliert die Pflanze an Würzkraft und wächst mastig.

WÜCHSIG UND WÜRZIG: OREGANO *ORIGANUM VULGARE*

Was wäre die Pizza ohne dieses Gewürz und ein Kräuterbeet ohne Oregano? Der wüchsige Bodendecker verzaubert in vielen Sorten. Besonders attraktiv ist der sogenannte Hopfen-Oregano (*Origanum rotundifolium*) – der ist allerdings nicht gut winterhart und in dieser Zeit auch sehr nässeempfindlich.

Immer wieder teilen
Oregano mag mehr Nährstoffe als andere Südländer, liebt aber gut durchlässige und kalkhaltige Erde. Die Pflanzen neigen nach einiger Zeit zum Verholzen. Dann sind nur noch am Rand frische Triebe. Daher sollte man im Frühjahr immer auf eine Handbreite zurückschneiden und umtopfen.

Blühender Oregano

© barmalini/Shutterstock.com

Hopfen-Oregano

© Manfred Ruckszio/Shutterstock.com

VOLLER HEILENDER ZIERDE: SALBEI *SALVIA OFFICINALIS*

Zur Blütezeit sind sie ein Tummelplatz für Insekten, sonst ein Treffpunkt der Schnuppernasen. Doch vor allem die Blätter sind es, die uns anziehen. Aber nicht nur wegen ihres Aromas, sondern auch wegen der vielen Blattfarben. Zierde und Nutzen gleichermaßen!

Verträgt keine Staunässe
Der Salbei gehört zu den Kräutern, die praktisch an der kargsten Stelle am schönsten wachsen. Zwar gedeihen sie auch in normaler Erde, doch kommt es dann oft zu Mehltau oder zu langen weichen Trieben. Nicht düngen! Regelmäßig zurückschneiden. Sind Triebe zu lang, abschneiden und einfach in neue Töpfe stecken; Stecklinge wurzeln rasch.

© Pixeljoy/Shutterstock.com

SOMMERDUFT IM VORBEIGEHEN: ZITRONENVERBENE *ALOYSIA CITRODORA*

Die Zitronenverbene hat, so finde ich, die stärkste Duftkraft. Es genügt, wenn man beim Gießen die Blätter berührt, und schon verströmt die Pflanze ihren Zitronenduft. Sie kann uralt werden und

herrlich verholzt zum Blickpunkt werden. Die Blüten sind ein Magnet für Insekten.

Bleibt jahrelang vital
Volle Sonne, viel Wasser, sanfte Düngung, alljährlich im Herbst stark zurückschneiden und ganz kühl (aber garantiert frostfrei) überwintern – so bleibt sie gesund und wüchsig. Staunässe allerdings verträgt sie gar nicht. Die Pflanze verliert in der Ruhephase alle Blätter und kann deshalb in dieser Zeit auch ganz dunkel stehen.

© Skyprayer2005 und STUDIO GRAND WEB/Shutterstock.com

DER DUFT DES MEERES: ROSMARIN *ROSMARINUS OFFICINALIS*

Die Pflanze, die als „Tau des Meeres" im kargen Felsen wächst, überlebt bei uns den Winter nur,

wenn sie in einem sehr durchlässigen Boden steht. Das gilt im Topf umso mehr.

Überwintern – lange im Freien
Ist der Winter nicht kalt, bleibt der Rosmarin draußen – bis minus 5 °C auf jeden Fall. Bei tieferen Temperaturen kommt er in eine unbeheizte Garage. Nicht das Gießen vergessen. Erde zu ⅓ mit Splitt und ⅓ Sand mischen. Umpflanzen immer nur im Frühjahr, wenn schon das Wachstum begonnen hat. Rosmarin reagiert empfindlich auf Wurzelverletzungen im Spätsommer, Herbst und Winter.

© Ploberger

© CharMoment/Shutterstock.com

WEIT MEHR ALS SEIFE: LAVENDEL

LAVANDULA ANGUSTIFOLIA

Die Provence kommt einem wohl zuerst in den Sinn, wenn man an endlose Lavendelfelder denkt. Im Topf gedeiht Lavendel gut, wenn ausreichend Sonne und Wärme zur Verfügung stehen.

Kiesig und kalkhaltig
Je durchlässiger die Erde ist, desto wohler fühlt sich der Lavendel. Neu gekauft steht er oft im Torf, daher sofort Ballen lockern, die Erde, so gut es geht, entfernen und neu pflanzen. Möglichst Kalksplitt verwenden. Gleich nach der Blüte wird kräftig zurückgeschnitten, und zwar so weit, dass gerade noch ein grünes Blatt vorhanden ist. So bleibt die Pflanze kompakt im Wachstum und bildet dichte Polster.

ROBUSTER GEHT'S NICHT: STRAUCH-BASILIKUM *OCIMUM BASILICUM*

Die Wuchskraft dieses Krauts ist es, die es so beliebt macht. Es verträgt Regen und auch niedrigere Temperaturen. Ganz im Gegensatz zum Genoveser Basilikum, das bei plus 5 °C bereits eingeht. Strauch-Basilikum ist eine ideale Mischkulturpflanze zu Paradeisern – vor allem das selbst ausgesäte.

Regelmäßiger Rückschnitt
Niemals Saatgut mit Erde bedecken – Strauch-Basilikum ist ein Lichtkeimer. Je kompakter man die Pflanze hält, desto vitaler bleibt sie. Daher immer zurückschneiden. Überwintert wird auf der Fensterbank drinnen, denn

dieses Basilikum wächst auch im Winter gut weiter. Dann allerdings weniger gießen.

© Christoph Böhler

VOLLER AUSBREITUNGSDRANG: MINZE *MENTHA* SP.

Ganze Bücher könnte man füllen, denn es sind Hunderte Sorten, die es gibt. Fast alle haben eines gemeinsam – sie wachsen schier unbändig.

Feucht und nährstoffreich
Je humoser die Erde und je mehr Nährstoffe und Feuchtigkeit vorhanden sind, desto wüchsiger ist die Minze (z. B. Pfefferminze). Daher die Minztöpfe immer in Untersetzer stellen, in denen im Sommer das Wasser steht. Überwintert wird im Freien. Fruchtminzen (z. B. Ananasminze) benötigen mehr Wärme und weniger Wasser. Sie überwintern gut auf der Fensterbank – drinnen. Sie sollten im Sommer auch nicht zu viel gegossen werden. Jährlich umpflanzen bewahrt den Pflanzen die Wuchskraft – das gilt für alle Minzen.

Ananasminze (*Mentha suaveolens* 'Variegata')

© ChWeiss/Shutterstock.com

Weise Erkenntnis

Gezähmte Minze

Im Garten ist die Minze, z. B. die Pfefferminze (*Mentha* x *piperita*), oft unberechenbar. Als Pflanze erobert sie am Teichrand rasch große Flächen. Daher immer in große Töpfe setzen und diese (fast) bodeneben eingraben. Der Rand sollte gut 10 cm über der Erde liegen. Jährlich umtopfen und verjüngen, sonst verkahlt sie von der Mitte weg und der Zuwachs an frischen Blättern und Trieben ist gering.

#weiseerkenntnis

43

GARTENFRAGEN
ZUM THEMA KRÄUTER

livegartentipps

Kann ich Kräuter in großen Schalen zusammensetzen oder stören sie sich im Wachstum gegenseitig?

Das ist problemlos möglich, wenn sie die gleichen Bodenansprüche stellen. Mediterrane Kräuter, wie z. B. Rosmarin, Salbei, Thymian, lieben einen kiesigen, durchlässigen Boden. Schnittlauch, Petersilie, Dill dagegen mögen mehr Nährstoffe und einen humusreicheren Boden. Kräuter sind aber generell sehr genügsam und stellen weniger Ansprüche, als man denkt.

Unser Basilikum lässt auf der Fensterbank immer die Blätter hängen, so als ob es Durst hätte – ich gieße aber ausreichend, denke ich. Was kann die Ursache sein?

Das ist ein typisches Zeichen für eine „erkältete" Pflanze. Da reicht im Winter oft schon der kalte Luftzug vom Fenster. Ein Zuviel an Wasser kann aber auch zum Welken führen. Basilikum (vor allem das großblättrige) benötigt an sich viel Feuchtigkeit, ist es aber zu kalt oder gibt es zu wenig Sonne, dann beginnt es schnell zu kümmern.

Bei meinen Lavendelpflanzen, die ich gekauft habe, stand drauf: „Nur für Dekorationszwecke!" Gibt es denn giftigen Lavendel?

Das hat keine große Bedeutung, könnte aber auf eine Verwendung von Pflanzenschutzmitteln hinweisen. Für Tees sind die Pflanzen nach zumindest acht Wochen Kultur normalerweise aber verwendbar. Besser kauft man Lavendel aus Biokultur. Sehr oft hat die Bezeichnung auch steuerliche Gründe. Bei Pflanzen gibt es nämlich unterschiedliche Steuersätze, je nachdem, ob sie zum Essen oder für Dekoration gezogen werden.

Warum geht der Rosmarin immer erst im Februar im Überwinterungsquartier ein?

Das ist wirklich interessant und passiert sehr häufig. Hintergrund sind die Wurzelpilze, die im Lauf des Winters dem Rosmarin zusetzen. Eine Zeit lang kann er sich dagegen wehren, irgendwann kommt aber der Kollaps. Daher nie im Winter zu feucht halten und eine sehr durchlässige Erdmischung verwenden.

Der Rosenwaldmeister freut sich über die königliche Nachbarschaft der Rose

© nnattalli/Shutterstock.com

Kann ich Salbei auch zu den Rosen setzen? Ich lese immer nur vom Lavendel.

Ganz klar. Der Salbei wird sich sogar mit den Rosen gut vertragen. Lavendel mag es viel trockener und ist daher gerade im Topf oder Pflanzcontainer gar nicht so optimal geeignet. Ideal passt übrigens eine Pflanze zu den Rosen: Rosenwaldmeister (*Phuopsis stylosa*) ist zwar ohne Nutzen für die Küche, aber sehr dekorativ und ein Insektenmagnet.

Schnittlauch wird bei uns immer dünner und dünner – ehe er ganz eingeht. Warum?

Sie düngen den Schnittlauch mit Sicherheit zu wenig. Ein Grund könnte aber auch sein, dass die Pflanze niemals dem Frost ausgesetzt wurde. Sie sollte jeden Spätherbst für einige Wochen ins Freie gestellt werden. Dann erst beginnt erneut ein kräftiges Wachstum. Jedes Jahr umpflanzen.

Beim Lorbeer gibt's immer Diskussionen – ist der Küchenlorbeer ein anderer als der Hecken-lorbeer und würzt er nur, wenn er aus dem Süden kommt?

Ja, das sind verschiedene Pflanzen. Gewürzlorbeer (*Laurus nobilis*) hat einen intensiven Blattgeruch und ist eine perfekte Würze für viele Suppen, Soßen, Eintöpfe und Wild. Dagegen ist der Kirschlorbeer (*Prunus laurocerasus*) giftig – sowohl die Blätter als auch die Früchte!

Beeinflussen Kräuter das Aroma von anderen Pflanzen, wenn man sie dazusetzt?

Richtig nachweisen kann man es nicht, Kräuter können die Gesundheit anderer Pflanzen fördern. So verhindert Bohnenkraut den Befall der Bohnen durch die Bohnenblattlaus, Thymian wehrt Schnecken ab und Basilikum bei den Tomaten verhindert Mehltau. Schnittlauch wehrt bei den Karotten die Möhrenfliege ab.

Bei unserer Minze sind alle Blätter angefressen. Stammen diese kleinen Löcher von einem Käfer, den ich einmal in der Nacht entdeckt habe? Was tun?

Ja, das ist der sogenannte Minzkäfer. Er ist blau-grün und frisst kleine Löcher in die Blätter. Sie können dennoch verwendet werden. Tagsüber versteckt er sich im Wurzelbereich der Pflanzen. Abwehren kann man ihn gut mit Kieselgur – das sollte man möglichst auf die Erde stäuben. Auch Spritzungen mit Schmierseifenwasser helfen. Ist der Befall sehr groß, die Pflanze komplett zurückschneiden, die Triebe entfernen und entsorgen. Die Minze wächst rasch nach.

© RimDream/Shutterstock.com

DRINNEN

GARTELN
OHNE
GARTEN

Kinderstube
auf dem
Fensterbrett

VORZIEHEN MACHT LUST AUF MEHR

Es ist ein Kribbeln, das uns ab Februar befällt! Kaum zeigen sich
die ersten Frühlingsgefühle, beginnt das Säen auf der Fensterbank,
im Minigewächshaus oder in einem beheizten Glashaus auf der
Terrasse. Jeder Zentimeter Platz wird genutzt und bald gibt es
rundherum nur noch Schalen und Töpfe voller Pflanzenkinder.
Sind es zu Beginn oft nur die gängigen Pflanzen, so entwickelt
sich rasch eine Abenteuerlust. Denn gerade jene Gewächse reizen,
die man nicht so leicht vorgezogen in Töpfen kaufen kann.
Und alles ist leichter, als man denkt.

Auch Gurken und Kürbisse profitieren von der Vorkultur am Fenster
© Gheorghe Mindru/Shutterstock.com

© Geshas/Shutterstock.com

„ MEINE SAATSCHALEN VERWENDE ICH SCHON VIELE JAHRE. GUT GEREINIGT SIND SIE DIE PERFEKTE KINDERSTUBE FÜR DEN NACHWUCHS. MANCHE SAMEN LEGE ICH ABER AUCH GLEICH IN KLEINE TÖPFE ODER TOPFPLATTEN. DAS ERLEICHTERT SPÄTER DAS UMPFLANZEN UND MACHT DAS PIKIEREN, ALSO DAS VEREINZELN, UNNÖTIG. "

AUSSÄEN MACHT FREUDE

Der Einkauf im Gartencenter ist verlockend: Wenn eine Wand voller Saatguttüten den Traum vom grünen Paradies im Kopf entstehen lässt, ist die Zurückhaltung schwer. So landet Säckchen um Säckchen im Einkaufskorb und die Vorfreude steigt von Moment zu Moment. Saatschalen, Aussaaterde, Gießbrause – die Grundausstattung ist rasch beisammen. Schon kann es losgehen.

Bei der Erde sollte niemals gespart werden und man sollte immer frische Erde verwenden. Wer selbst mischt, der nimmt gut abgelagerten Laub-Erde-Kompost, mit Sand gemischt. Ansonsten passt auch Fertigerde; ich mische auch diese mit Sand aus der Packung, weil ich die Durchlässigkeit der Erde besonders schätze. Hier kommt gut ⅓ Sand (z. B. Fugensand) dazu.

MIKROORGANISMEN FÜR GESUNDES WACHSTUM

Das Wichtigste nach dem Säen ist das Angießen. Dafür verwende ich angewärmtes Wasser vermischt mit Effektiven Mikroorganismen. Zum Abdecken kommt entweder eine Abdeckhaube darauf oder eine Glasplatte. Hohe Luftfeuchtigkeit ist in den ersten Tagen das Um und Auf für gutes Gelingen. Damit sich die „Kinder" wohlfühlen, benötigen sie Wärme. Die Fensterbank ist somit nur bedingt ideal, denn Kälte bremst hier das Wachstum enorm. Abhilfe schaffen kleine, energieoptimierte Heizplatten, die daruntergelegt werden können. Sind die Samen gekeimt – das kann von wenigen Tagen bis einige Wochen dauern –, wird jeden Tag gelüftet bzw. das Glas so weit angehoben, dass die Blätter nicht am Glas anstoßen. Nun beginnt die kritischste Phase, denn im Spätwinter ist noch wenig Licht vorhanden. Der Schlüssel zum Erfolg ist Kunstlicht.

Den Start machen bereits Ende Jänner die Chilis – sie benötigen sehr lange zum Keimen. Tomaten folgen erst Ende Februar. Bei ihnen lohnt sich die Vorkultur ganz besonders, weil man so Raritäten ausprobieren kann. Die Letzten im Bunde, die vorkultiviert werden, sind Gurken, Kürbis und Zucchini. Sie keimen rasch. Salate zieht man besser gleich im Freien (geschützt mit Vlies), denn dann gibt es keine langen weichen Blätter; das gilt auch für Radieschen, Karotten und Mangold. Auch sie sollten direkt ins Beet gesät werden.

PIKIEREN – DER NACHWUCHS WIRD VEREINZELT

Beim Vereinzeln gibt es eine wichtige Regel: Zuerst mit einem Pikierstab (oder einem Bleistift) das Pflänzchen lockern und dann immer nur am Keimblatt, niemals am Stängel, anfassen und in kleine Töpfe setzen. Tomaten gleich deutlich tiefer setzen, damit sie nicht zu lang werden, seitlich Wurzeln bilden und so noch kräftiger wachsen. Als Erde verwendet man nun bereits normale Pflanzerde (selbst gemischt: ⅓ Gartenerde, ⅓ Kompost, ⅓ Sand und Tongranulat), denn nun benötigt der Nachwuchs viele Nährstoffe. Wird es im März tagsüber schon wärmer, gleich ins Freie stellen. Damit gewöhnen sich die Pflanzen an das Sonnenlicht. Allerdings unbedingt darauf ach-

© DuxX/Shutterstock.com

ten, dass man sie abends rechtzeitig hereinholt. Selbst leichte Fröste überleben die grünen Babys nicht.

Vergessen sollte man eines bei allem Enthusiasmus nicht: Etiketten zu schreiben. Denn wenn sich Schale an Schale und Töpf-

chen an Töpfchen reiht, weiß man bald nicht mehr, was sich darin befindet. Dazu gibt es einen kostengünstigen Recyclingtrick: Aus einem Joghurtbecher die Stecketiketten schneiden und beschriften. Auf der vormaligen Innenseite ist das Plastik unbedruckt.

Tipp für die Gelassenheit

LED bringt preisgünstiges Wachstumslicht

War es früher kompliziert und teuer, ein Pflanzlicht zu installieren (man verwendete meist leistungsstarke Quecksilber-Dampflampen), so lässt sich mit LED-Lampen ganz leicht ein kompaktes Wachstum der Pflänzchen erzielen. Damit ein Wachstum bewirkt wird, müssen die Lampen 16 Stunden brennen. Bei oft nur 10 bis 15 Watt ist das eine vernachlässigbare Strommenge. Den Pflänzchen tut die Beleuchtung gut und sie bleiben gedrungen im Wachstum.

#tippfürdiegelassenheit

© Ploberger

LED ermöglicht, dass Pflanzen in Stadtwohnungen ganz ohne Tageslicht auskommen

GARTENFRAGEN ZUR
AUSSAAT UND VERMEHRUNG

 # livegartentipps

**Dürfen Aussaaten auch flüssig gedüngt werden?
Mir kommt vor, die Pflänzchen sind sehr blassgrün.**

Fahles Grün kann es auch geben, wenn zu wenig Licht an die Pflanzen kommt. Aber nach zwei bis drei Wochen darf man sanft mit dem Düngen beginnen. Wohl dosiert, denn die Wurzeln verbrennen rasch.

Kann man Tomaten durch abgeschnittene Triebe vermehren? Wo bewurzelt man die?

Ja, das kann man. Die abgeschnittenen Triebe (z. B. vom Ausgeizen) in sandige Erde stecken. Sie wurzeln sehr rasch.

Wenn ich gleich in kleine Töpfe säe, erspare ich mir dann nicht das Pikieren? Ich habe immer Sorge, dass ich die Pflanzen dabei beschädige.

Töpfe sind bei größeren Samen sicherlich praktisch. Bei sehr feinem Saatgut wird man sich schwerer tun. Aber das Pikieren regt auch das Wurzelwachstum an – wie zum Beispiel bei den Paradeisern, die kräftig treiben,

wenn man sie tiefer setzt. Bei der Aussaat von Gurken verwende ich Presstöpfe. Sie waren früher aus Torf, heute gibt es sie naturfreundlich aus Holz- oder Papierfaser. Oder ich fertige selbst Anzuchttöpfe aus Zeitungspapier und fülle sie mit Erde.

Stimmt es, dass man Zucchini und Kürbisse nicht selbst vermehren darf, da sie dann giftig werden?

Sie können sorglos vermehren, wenn sich Ihre Pflanzen nicht in der Nähe von Zierkürbissen befinden, die möglicherweise die Blüten befruchten. Die daraus entstehenden Zucchini sind extrem bitter und giftig.

**Meine Pelargonien sind schon uralt.
Wann ist die beste Zeit, dass ich sie teile?**

Teilen ist wahrscheinlich nicht zielführend. Besser ist es, wenn Sie Stecklinge schneiden. Schneiden Sie Ende Juli und im August direkt unter einem Blatt ab, brechen Sie Blüten und Knospen aus und stecken Sie diese in sandige Erde.

„Breitwürfige Ausaat" verwendet man für Pflanzen, die später noch pikiert werden

© Nataly Mayak//Shutterstock.com

Beim Vorziehen von Ringelblumen habe ich beobachtet, dass die Pflanzen schlecht gewachsen sind. Ausgesät im Freien ging es ihnen besser, finde ich. Ist das nur bei diesen Blumen so?

Sie haben recht, es gibt tatsächlich Pflanzen, die im Freien gesät viel besser gedeihen. Tagetes oder Duftwicken dagegen muss man vorkultivieren, sonst würden sie erst sehr spät mit der Blüte beginnen.

Kann ich Aussaaterde vom Vorjahr noch verwenden?

Im Prinzip ja, besser ist aber frische Erde, um eventuelle Pilzerreger, die den zarten Wurzeln schaden können, zu vermeiden. Ein Trick für die alte Erde: Kochtopf (ohne Plastikgriffe) nehmen, Erde einfüllen und mit einem aufgesetzten Eisendeckel (oder auch einem Keramikteller) 30 Minuten bei 90 °C ins Backrohr stellen.

Wenige Tage nach dem Aussäen schwirrten Dutzende (gefühlte Hunderte …) kleine schwarze Mücken rund um die Aussaaten. Schaden sie und/oder wie bekämpfe ich sie?

Diese Mücke nennt sich Trauermücke und liebt die feuchte Oberfläche von Komposterde. Dort legt sie Eier ab und die Larven fressen dann die Wurzeln an. Meist mit wenig Schaden. Dennoch: Gelbtafel aufstellen (die Mücken fliegen auf Gelb) und mit einem Gelsenmittel

(*Bazillus thuringiensis*) gießen. Das gibt es in Tabletten, ist völlig ungefährlich und vernichtet die Larven.

Manchmal bildet sich auf der Erde bei meinen Chilis, die sehr lange zum Keimen benötigen, ein weißer Schimmel. Ist dieser schädlich?

Das ist entweder Kalk, der ausblüht, oder es ist Schimmel. In beiden Fällen wurde zu wenig gelüftet. Die Saatschalen einige Stunden offen stehen lassen, nachdem man gegossen hat. Mit Schachtelhalmextrakt gießen.

Ich habe mir kleine Heizmatten besorgt, finde aber, dass nun die Erde schnell austrocknet. Muss ich dann öfter gießen?

Ja, Sie müssen mehr gießen. Auch immer wieder gut lüften, denn sonst kann es rasch zu Grauschimmel kommen. Vorsichtshalber Schachtelhalmextrakt und Mikroorganismen in das Gießwasser geben.

Kann man das Kunstlicht (LED-Pflanzenlicht) durchgehend brennen lassen oder schadet das den Sämlingen?

Nein, das schadet nicht und die Pflanzen wachsen. Doch ist es grundsätzlich besser, wenn man, wie später im Freien, den Pflanzen eine Nachtruhe gönnt. Eine Schaltuhr leistet dabei gute Dienste.

Blütenrausch
in Töpfen

EIN PARADIES FÜR ALLE JAHRESZEITEN

Der Duft der Hyazinthen weht vom Balkon herein und zeigt, dass der Frühling in seiner vollen Kraft angekommen ist. Wenig später sind es im Sommer alte Bekannte, die für Farbe und Blütenpracht sorgen: Pelargonien, Surfinien und viele andere Sommerblumen. Der Herbst punktet mit bunten Blättern und schafft einen nahtlosen Übergang zum Winter. Und auch der ist nicht grau und öde – Gräser wiegen sich im Wind und die scheinbar unbezähmbare Kraft der Schneerosen zaubert Naturstimmung vor das Wohnzimmerfenster.

© Ploberger

DER FRÜHLING
KOMMT MIT DUFT UND FARBE

Noch ist die Erde in den Trögen gefroren und so manches braune Blatt heftet an den Pflanzen, aber die Kraft der Natur zeigt sich schon. Im Herbst gelegte Blumenzwiebeln erwachen zeitig: Schneeglöckchen, Blausternchen, Krokusse leuchten oft schon unter der schützenden Abdeckung aus Schafwolle hervor. Jetzt heißt es wieder: garteln!

Sehr oft hatte ich in meiner gärtnerischen Vergangenheit im Herbst keine Zeit, um Blumenzwiebeln zu pflanzen. Das ist heute ein geringes Problem, denn wohin man nur blickt, leuchten einem die Frühlingsboten, gepflanzt in Töpfen und vorgezogen in Gewächshäusern, entgegen. Gern stelle ich die Töpfe nur in größeren flachen Schalen zusammen und pflanze sie gar nicht aus, sondern decke die Plastiktöpfe einfach mit Moos ab – immer zwei, drei Pflanzen von einer Sorte. Dazu passend kommen ein paar Äste von Palmkätzchen oder Haselnuss, und schon sieht alles wie die Miniatur einer Naturlandschaft aus. Nach Schneeglöckchen & Co. kommen dann,

wenn keine starken Fröste mehr drohen, die Primeln, Hornveilchen und so manche Wildstaude dazu. Ein absoluter Fan bin ich von Schachbrettblumen, die mich auch in meinem Garten auf großen Flächen begleiten.

© Sakss/Shutterstock.com

Nach dem Blühen – ab in einen Garten!

Die Erde muss bei Zwiebelblumen im Frühling nicht nährstoffreich sein, denn alles, was sie benötigen, haben sie in ihren Zwiebeln gespeichert. Will man sie aber mehrere Jahre kultivieren, heißt es freilich, gleich zu düngen. Ich empfehle aber, die Zwiebeln nach dem großen Blühauftritt in die Gärten von Freunden und Bekannten zu setzen, wenn man dazu selbst keine Möglichkeit hat. Dort fühlen sich die Frühlingsboten viel wohler und werden – meist mit einem Jahr Pause – dann alljährlich den Frühling einläuten.

Schachbrettblumen gibt es in Rot-Weiß und reinem Weiß

GESTELLTE BLUMENKÄSTEN

Frühlingsblumenkisterln gehören zum schönsten Schmuck auf der Fensterbank. Als Struktur kommt Efeu in die Kästen, dann Pflanzen, die über lange Zeit attraktiv bleiben, wie Skimmien, Lenzrosen oder auch kleine Gehölze, wie bonsaiartige Zierkirschen oder Weiden. Die Lücken zwischen den Minigehölzen bepflanze ich sehr dicht mit Mininarzissen, Primeln und Hornveilchen. Sind einige der Pflanzen verblüht, ziehe ich sie aus der Erde und ersetze sie durch neue Pflanzen. Zwei solche Arrangementkästen stehen bei uns vor dem Küchenfenster und zaubern den Frühling praktisch in die Wohnung – und das über viele Wochen, bei einem relativ geringen Aufwand, auch was die Kosten betrifft.

© Dmitrenko Ekaterina/Shutterstock.com

SCHNEEGLÖCKCHEN BLÜHEN UNTER GEHÖLZEN

Wer eine permanente Dauerbepflanzung auf dem Balkon oder der Terrasse besitzt, der kann auch hier mit vorgezogenen Zwiebelblumen den Frühling in die Tröge zaubern. Es macht den Gehölzen überhaupt nichts aus, wenn man die oberste Schicht Erde lockert und das dichte Wurzelgeflecht entfernt. Das ist zwar oft nur mit großer Kraftanstrengung möglich, wiederholt man aber die Prozedur immer wieder – auch für die nachfolgenden Sommerblumen –, wird es einfacher. Auch hier hat übrigens eine Abdeckung der Erde mit Moos (entweder im Wald gesammelt oder vom Floristen) eine äußerst dekorative Wirkung und sorgt gleichzeitig dafür, dass die Erde darunter nicht so schnell austrocknet. Belässt man die Zwiebeln in der Erde, dann gleich im Frühling einen organischen Langzeitdünger und unbedingt auch einen Bodenaktivator einarbeiten.

IST DER FRÜHLING DIE SCHÖNSTE ZEIT DES JAHRES? FÜR MICH SIND ALLE JAHRESZEITEN SCHÖN. ABER WIE SEHR SICH DIE NATUR DER SONNE ENTGEGENSTRECKT UND LICHT UND WÄRME SUCHT, DAS SPÜRT MAN IN DEN ERSTEN TAGEN EINES FEBRUARS ODER MÄRZ BESONDERS.

Gartenirrtum

Weiden und Mandelbaum nicht schneiden

Leider hält sich das Gerücht immer noch: „Wenn ich die Weiden oder die entzückenden Mandelbäumchen nicht stark schneide, dann ist im kommenden Jahr die Blütenpracht noch größer, denn in der Natur schneidet auch niemand." Aber diese Gehölze würden vergreisen und nur ganz zart an den Spitzen blühen. Wer jedoch die Triebe auf gut 2 bis 3 cm (!) einkürzt, hat im kommenden Jahr wieder Kätzchen und Blüten!

© Kseniia Perminova/Shutterstock.com

#gartenirrtum

DER MILLIONENSTAR: DIE KISSENPRIMEL *PRIMULA ACAULIS*

Bunter geht's wohl nicht: Wenn Millionen von Primeln die Geschäfte erobern, dann sind die Tage des Winters endgültig gezählt. Die kleinen bunten Blütenwunder können im Zimmer für zwei, drei Wochen eine Zierde sein, auf dem Balkon dagegen blühen sie wochenlang. Einzige Voraussetzung ist, dass es nicht zu frostig wird. Minus 2 bis 3 °C sind ihnen egal, vor allem dann, wenn sie zuvor nicht im Geschäft zu warm gestanden haben. Einen zarten Frühlingsduft verströmen übrigens die gelben Primeln. Sie sind es auch, die im Garten am besten überleben und sich vermehren.

© Natalia Greeske/Shutterstock.com

Wasser und ein wenig Dünger
Primeln sind extrem robust und genügsam. Dennoch empfiehlt es sich, dass sie sofort nach dem Kauf in eine tiefe Tasse Wasser gestellt werden, damit der Wurzelballen gut durchfeuchtet ist. Dabei kann man schon ein wenig Dünger zugeben. So bleiben die Blätter sattgrün und die Blütenbildung wird angeregt.

SIE LÄUTEN DAS JAHR EIN: SCHNEEGLÖCKCHEN *GALANTHUS NIVALIS*

Wenn Wiesen so weiß sind, als ob es nochmals geschneit hat, dann ist Schneeglöckchenzeit. Damit die zarten Blumen aber auch im Topf wirken, muss man mit einem Trick arbeiten. Die kleinen Zwiebeln werden in zwei Etagen, dicht an dicht, gepflanzt. So entstehen entzückende Horste, wie man sie in der Natur findet. Als Erde verwendet man am besten normale Gartenerde, die mit Sand vermischt ist.

Kälte ist das Um und Auf
Die weißen Frühlingsboten benötigen, um kompakt zu bleiben und nicht auseinanderzufallen, sehr niedrige Temperaturen. Sind sie aufgeblüht, kann man sie auch für kurze Zeit als Frühlingsdekoration ins Haus holen. Wer nach dem Abblühen weitergießt, bis sie eingezogen sind, wird auch im kommenden Jahr den Zauber der Schneeglöckchen genießen können.

© photolinc/Shutterstock.com

BLÜTENGESICHTER ZUM AUFTAKT: HORNVEILCHEN *VIOLA CORNUTA*

Die kleinen Schwestern der großen Stiefmütterchen gehören für mich zu den wüchsigsten und robustesten Frühlingsblumen. Oft pflanze ich schon einige im Spätherbst ein, denn sie überstehen Schnee und Kälte problemlos. Sehen sie im März auch noch so verkümmert aus, kaum scheint die Sonne, beginnt das neue Wachstum.

Vorziehen beginnt im August
Hornveilchen lassen sich ganz leicht aussäen. Damit sie aber wirklich keimen, muss man einen Trick anwenden: Die Saatschalen sollen bis zum Keimen ganz kühl stehen. Ich hatte sie sogar schon einmal in der Gemüselade des Kühlschranks platziert und mit dem Erscheinen der Keimblätter sofort ans Licht geholt. Ansonsten kauft man fertige

Pflanzen, setzt ein wenig tiefer und freut sich bis zum Frühsommer an den Blüten. Übrigens auch im Salat, denn die bunten „Gesichter" kann

man essen. Fühlen sich die Pflanzen wohl, dann säen sie sich sogar selbst aus und tauchen plötzlich in den Pflasterritzen auf.

© Natalia Greeske/Shutterstock.com

DER UNTERSCHÄTZTE LIEBLING: VORFRÜHLINGSALPENVEILCHEN

CYCLAMEN COUM

Dass ich Alpenveilchen liebe, muss ich nicht betonen, doch die Vorfrühlingsalpenveilchen sind jene, die das Herz bei mir höherschlagen lassen. Zeitgleich mit den Schneeglöckchen und den Winterlingen kämpfen sie sich durch den Schnee – auch in kleinen Töpfen und Schalen überstehen sie jede Witterung.

Gepflanzt werden die Knollen im Herbst – dabei aufpassen, wo oben und unten ist (kleine Triebe zeigen aber meist die Oberseite). Flach ins Kisterl gelegt und kombiniert mit anderen kleinen Zwiebelblumen sind sie die Frühaufsteher auf dem Balkon. Schalen den Sommer über immer mitgießen und garantiert kommen im nächsten Frühjahr

© Ploberger

wieder Blüten. Sind sie in Trögen gepflanzt, werden sie sich auch aussäen – oft an ganz unterschiedlichen Stellen. Denn die Samen haben ein kleines Zuckeranhängsel, deshalb verschleppen sie die Ameisen gern.

Narzissen-Sorte 'Thalia'

© Ploberger

Weise Erkenntnis

#weiseerkenntnis

Die Zwiebel-Lasagne-Pflanzung

Nein, das ist kein Kochtipp, sondern eine geniale Möglichkeit, schon beim Pflanzen einen Blumenstrauß für den Frühling zu schaffen! In 60 cm große Töpfen kommt zuunterst sandige Erde, dann Blumenzwiebeln und abwechselnd mit 5 cm dicken Schichten aus diesem Erdgemisch immer wieder Blumenzwiebeln (wie in einer Lasagne), zum Schluss wird mit 10 cm Erde abgedeckt. Zum Beispiel: 5 Zierlaucharten, darüber 10 Narzissen, darüber 5 Hyazinthen, darüber 10 Minitulpen und ganz oben eine Mischung aus Schneeglöckchen, Blausternchen, Winterlingen und Krokussen (etwa 20 Stück). Der Topf wird gut angegossen, bleibt draußen stehen und wird mit Jute, Vlies und Decken eingepackt. Nur wenn die Temperaturen unter 10 °C fallen, kommt er geschützt in eine kalte Garage. Niemals austrocknen lassen und möglichst bald im Februar hell aufstellen, damit die Zwiebelblumen nicht zu lange Stiele entwickeln.

MININARZISSEN SIND AM DANKBARSTEN

Die Sorte 'Tête-à-Tête' gehört zu den meistverkauften, weil sie ideal für die Kultur in kleinen Töpfen ist. In Schalen und Kisterln sehen die Pflanzen besonders apart aus, und sie sind es auch, die ohne viel Pflege jedes Jahr wiederkommen. Abgeblühtes ausschneiden, ein wenig düngen und die Blätter erst abschneiden, wenn sie völlig vertrocknet sind. Bis zum Ende des Einziehens gut gießen. Sehr attraktiv sind auch die sogenannten Dichternarzissen. Sie sehen fast so aus wie die im Salzkammergut wild wachsenden Formen und haben einen kleinen weißen Blütenkopf. Favorit von mir ist bei den neueren Sorten 'Thalia', denn diese Narzisse hat gleich mehrere Blüten an einem Stängel und sie duften.

DIE DUFTENDEN BLÜHWUNDER: HYAZINTHEN *HYACINTHUS ORIENTALIS*

Meine ersten Begegnungen mit den Hyazinthen waren bei meiner Großmutter, wo sie auf speziellen Gläsern im Winter vorgetrieben wurden. Damit diese Zwiebeln aber tatsächlich blühen, benötigen sie zuerst einige Wochen Dunkelheit und Temperaturen unter 7 °C. Dann bilden sie ausreichend Wurzeln und die Blüte bleibt nicht stecken.

Rechtzeitig pflanzen bringt Blüten

Für Hyazinthen gilt ganz besonders: möglichst früh in die Erde setzen, damit die an sich dicken Zwiebeln viele Wurzeln bilden. Bei ihnen ist manchmal die Gefahr, dass sie erfrieren, wenn es kälter als minus 10 °C wird. Dann sollte man die Töpfe gut mit Vlies und Jute abdecken. Nicht zu flach setzen, weil die Hyazinthenblüte dazu neigt, umzufallen. Für mich besonders lohnenswert sind die Multiflora-Hyazinthen. Hier kommen aus den meist noch größeren Zwiebeln oft fünf und mehr Blütenstiele. Es gibt sie in den Farben Weiß, Blau und Rosa.

© Kamolwan Limaungkul und Victoria Kondysenko/Shutterstock.com

DIE KLEINEN HOLLÄNDER: MINITULPEN *TULIPA* SP.

Bei Tulpen kann man süchtig werden. Hunderte Sorten gibt es, und wer einmal die endlosen Tulpenfelder in Holland bewundert hat, wird wohl von dieser aus der Türkei stammenden Zwiebelblume nicht mehr loskommen. Sosehr ich auch hohe Tulpen schätze (sie kommen oft in Extratöpfe), so sehr empfehle ich für den Balkon die Minitulpen.

Wild oder edel – beide sind topftauglich

Neben den Zuchtsorten mit großen Blüten sind bei Minitulpen auch die Wildtulpen interessant. Alle Tulpen sind perfekt für Töpfe geeignet und können noch spät in die Erde kommen. Denn bei diesen Zwiebelblumen beginnen erst dann die Wurzeln zu treiben, wenn die Erde kälter als 7 °C ist. Will man sie mehrere Jahre kultivieren, unbedingt im Sommer trocken halten, da sich sonst nur Blätter bilden.

© ileana_bt/Shutterstock.com

ZWIEBELBLUMEN MIT BLÜHGARANTIE: NARZISSEN *NARCISSUS* SP.

© Tatjana Michaljova/Shutterstock.com

Es gibt Frühlingsblüher, die mag ich noch ein wenig mehr als andere. Die große Familie der Narzissen gehört dazu, denn bei mir im Garten sind sie diejenigen, die den Wühlmäusen trotzen. Im Kisterl und in Töpfen gibt es das Wühlmausproblem nicht. Hier kann man bei Osterglocken und anderen Narzissen sowieso, aber auch bei Tulpen und weiteren Spezialitäten für die gefräßigen Nager garantiert immer mit Blüten rechnen.

Tipp für die Gelassenheit

Frost ist kaum ein Problem

Fast alle Frühjahrsblüher können mit einem plötzlichen Wintereinbruch leben. Besonders gut zeigt sich das bei den Narzissen. Sinkt die Temperatur auf unter 4–5 °C, legen sich die Blütentriebe auf den Boden, so als ob sie verwelkt wären. Ist der Frost vorüber, stellen sie sich wie von Zauberhand wieder auf. Wird es aber noch kälter, dann sollte man unbedingt mit doppellagigem Vlies schützen, denn einmal erfrorene Zwiebeln treiben nicht mehr aus.

#tippfürdiegelassenheit

DAS GRÜNE WOHNZIMMER
IM SOMMER

Wenn Balkon und Terrasse zum grünen Wohnzimmer werden, die Fenster an lauen Abenden weit offen stehen und das Fensterkisterl zum Blumenbeet der Städter wird – dann ist Sommer.

Die Blütenpracht ist nun am üppigsten und in Kombination mit Kräutern, Gemüse und Obst sind Genuss und Augenschmaus angesagt.

Auch wenn eine Pflanze sehr pflegeleicht ist, sind für mich die besten Bepflanzungen die gemischten. Denn wenn es doch einmal mit einer Pflanzenart zu Problemen durch Pilz- oder Schädlingsbefall kommt, dann füllen die anderen die Lücken. Daher sind die bunten Balkonkisterln oder -schalen mit den unterschiedlichsten Pflanzen besonders pflegeleicht.

DIE BESTE VERSORGUNG

Wer Balkonblumen setzt, der sollte in erster Linie auf praktische, wasserspeichernde Pflanzgefäße achten. So kann man auch einmal ein, zwei Tage die Blumenpracht im Sommer allein lassen. Genauso wichtig ist eine qualitativ hochwertige Erde. Die Qualität zu beurteilen, ist nicht immer einfach. Die Erde sollte locker, humusreich und wasserspeichernd sein. Als Biogärtner bevorzuge ich torffreie Erde. Ein möglicher Test beim Kauf von offener Erde ist, dass man die Erde in der Faust zusammenpresst. Öffnet man die Hand, dann sollte sie wieder locker auseinanderfallen. Denn Erde, die zusammensackt und verschlämmt, bringt keine Luft an die Wurzeln, und das bremst das Wachstum.

Beim Düngen setze ich in erster Linie auf organische Langzeitdünger: Hornspäne und Schaf-

© Christoph Böhler

© Tunatura/Shutterstock.com

SCHÄDLINGE RECHTZEITIG BEKÄMPFEN

Auch Nützlinge wie dieser Marienkäfer helfen bei der Schädlingsbekämpfung
© Jolanda Aalbers/Shutterstock.com

wollpellets sowie organische Volldünger mische ich in die Erde. Sie versorgen die Pflanzen in den ersten Wochen sanft, aber kontinuierlich mit Nährstoffen. Genau das ist zum Beispiel für die Pelargonien und Surfinien wichtig, die besonders viel Dünger benötigen. Nur dann bleiben die Pflanzen gesund. Mehltau, der bei Surfinien oft im August auftaucht, ist häufig auf den Nährstoffmangel zurückzuführen, weil eben nur gesunde, vitale und gut ernährte Pflanzen sich gegen Krankheiten und Schädlinge wehren können.

Wichtigster Punkt ist noch das Gießen: Neben den schon erwähnten wasserspeichernden Kästen ist das Gießen im Hochsommer überlebenswichtig. Ob am Morgen (was oft empfohlen wird) oder am Abend – ich gieße, wann Zeit ist, und finde aber, dass der späte Nachmittag bei allen Topfpflanzen der ideale Zeitpunkt ist. Denn dann kann sich die Pflanze mehr als zwölf Stunden lang vom Hitzestress erholen.

Was tun, wenn tatsächlich Schädlinge oder Krankheiten auftreten? Dann heißt es immer, rasch handeln! Blattläuse einfach abstreifen oder bei größerem Befall mit Schmierseifenwasser (1 EL auf 1 Liter Wasser) bekämpfen. Raupen (oft bei Pelargonien) bekämpft man mit dem biologischen Präparat „XenTari" und Wollläuse bzw. Schildläuse mit Rapsölpräparaten. Bei den Krankheiten ist der Mehltau meist das größte Problem: Vorbeugend immer zur Stärkung mit verdünntem Schachtelhalm-extrakt, vermischt mit Effektiven Mikroorganismen, über die Blätter sprühen. Am besten am Abend, damit die Flüssigkeit abtrocknen kann. Bei akutem Bedarf mischt man 1 TL Backpulver mit 1 Liter Wasser und übersprüht im Abstand von einigen Tagen die Pflanzen. Auch hier gebe ich Mikroorganismen dazu.

>  DIE ABSOLUT BESTEN BLÜTENPFLANZEN FÜR DEN BALKON SIND PELARGONIEN. SIE ALLE KOMMEN URSPRÜNGLICH AUS SÜDAFRIKA UND TROTZEN DORT HITZE, STURM UND REGEN. SELBST AUF EINEM WINDAUSGESETZTEN SÜD- ODER WESTBALKON BLEIBEN DIE KOMPAKTEN, AUFRECHT WACHSENDEN SORTEN ROBUST.

Gartenirrtum

Blüten muss man ausputzen

Das Entfernen von Abgeblühtem gehört im Sommer zu den wichtigsten Aufgaben. Das ist notwendig, weil sonst die Pflanze Samen ansetzt und damit nicht mehr so viele Blüten bildet. Doch neue Sorten sind mittlerweile steril. Daher ist bei vielen Beet- und Balkonblumen diese mühsame Arbeit nicht mehr notwendig.

#gartenirrtum

© Tunatura/Shutterstock.com

Ein Tiroler Bauernhaus mit üppiger Mischbepflanzung aus Pelargonien und Surfinien

© ELEPHOTOS/Shutterstock.com

DIE ROBUSTE SÜDAFRIKANERIN: PELARGONIE *PELARGONIUM* SP.

Sie zählt wahrscheinlich zu den ältesten und bewährtesten Balkonblumen. Seit Jahrhunderten schmücken die kräftig roten Pelargonien, meist Geranien genannt, bereits die Fenster von Bauernhäusern, und so manche Exemplare gibt es, die über Jahrzehnte gehegt und gepflegt werden. In Hunderten Sorten gibt es sie mittlerweile, passend für jede Gelegenheit – aufrecht wachsend, halb hängend oder in einer hängenden Form.

Kräftiger Rückschnitt und Dünger

Gekauft werden Pelargonien als kompakt gewachsene Pflanzen. Da ist kein Schnitt nötig; überwintert man die Pflanzen aber, dann lohnt sich ein kräftiger Rückschnitt. Besonders gut lassen sich die sogenannten Duftpelargonien überwintern. Sie sind auch im Winter auf der Fensterbank eine Zierde und verströmen einen zarten Duft. Pelargonien lassen sich leicht durch Stecklinge vermehren, auch wenn man keinen grünen Daumen hat. Direkt unter einem Blatt abschneiden und die etwa 10 cm großen Triebstücke in sandige Erde stecken. Nach wenigen Tagen treiben sie bereits Wurzeln und können als neue Pflanze gesetzt oder überwintert werden.

Weise Erkenntnis

Man kann im Topf nicht genug düngen

Balkonblumen leben unter extremen Bedingungen und sind voll auf die Pflege von uns Menschen angewiesen. Sind Pflanzen im Freiland in der Lage, mit ihren Wurzeln nach zusätzlichen Nährstoffen zu suchen, ist bei den Topfpflanzen rasch die Grenze erreicht. So muss von Beginn an gedüngt werden. Wer organisch düngt (etwa Hornspäne), muss wissen, dass diese Dünger nur dann wirken, wenn ein aktives Bodenleben vorhanden ist. Also ohne Kompost (der in den meisten Erden bereits untergemischt ist) geht es nicht. Dazu sind aber nach vier bis sechs Wochen noch flüssige Düngergaben notwendig. Nur dann bleiben die Pflanzen vital, blühfreudig und gesund.

#weiseerkenntnis

© GartenAkademie.com

DER GEZÄHMTE ZWEIZAHN

BIDENS FERULIFOLIA

Aus dem Süden der USA und Mexiko ist diese extrem wüchsige Pflanze in unsere Beete und Blumenkisterln gekommen. Waren die ersten Sorten noch so ungestüm, dass sie innerhalb kürzester Zeit alles überwachsen haben, sind neue Sorten kompakt im Wachstum und haben große Blüten.

Begleiter von Petunie und Pelargonie

Die Goldmarie, wie sie auch genannt wird, gibt es nicht nur im ursprünglichen Gelb, sondern auch mit weißen und orange-roten Blüten. Ihre Robustheit brachte ihr in den letzten Jahren einen großen Aufschwung. Immer in die volle Sonne setzen, wöchentlich düngen und oft zwei Mal am Tag gießen. Kommt der erste Frost, ist die Pracht vorbei – die Pflanze ist extrem kälteempfindlich.

DIE ÜPPIG BLÜHENDE JAPANERIN: SURFINIE *PETUNIA X HYBRIDA*

Als die ersten Sorten dieser Pflanze vor mehr als drei Jahrzehnten auf den Markt kamen, war das eine Revolution. Frühere Petunien waren nämlich viel weniger wüchsig, mussten ausgeputzt werden und begannen bei großer Hitze zu kümmern. Das war mit den Surfinia-Petunien vorbei.

Diese Pflanze hat immer Hunger

Sind schon Pelargonien dankbar für viele Nährstoffe, so ist die Surfinie immer hungrig. Daher sollte man neben dem Langzeitdünger auch noch Flüssigdünger geben. Oft reicht es bei den Biodüngern nur dann, wenn man dreimal wöchentlich dem Gießwasser die Nährstoffe beimischt.

Bei konventionellen Düngern ist zweimaliges Düngen mit halber Menge sinnvoll. Wichtig ist es, stets einen Dünger mit viel Stickstoff und Eisen zu wählen (oft als Surfiniendünger bezeichnet), denn sonst neigen die Blätter zum Vergilben.

© GartenAkademie.com

GLÖCKCHEN FÜR DIE SAMMELLEIDENSCHAFT: FUCHSIE *FUCHSIA*-HYBRIDEN

Ein wenig sind sie außer Mode gekommen, doch neue Züchtungen lassen sie wieder in die vorderen Ränge der Charts bei den beliebten Balkonblumen vorrücken. Waren sie nämlich bisher hauptsächlich Pflanzen, die von Sammlern geliebt wurden, so sind die neuen Sorten absolut pflegeleicht.

Ausputzen, sonst gibt's keine Blüten

Das Entfernen von Fruchtansätzen war bei den Fuchsien das Wichtigste, denn sind einmal zu viele „Kirschen" (die kann man tatsächlich essen!) an der Pflanze, gab es keine neuen Blüten. Die neuen Sorten, wie 'Alice Hofmann', blühen auch ohne Ausputzen von Mai bis in den Oktober. Halbschatten ist für alle Fuchsien ideal. Tiefer Schatten bringt aber nur wenig Blüten. Einziges Sorgenkind ist bei Fuchsien ein Schädling: die Weiße Fliege. Hier haben sich einerseits Gelbtafeln (beleimte gelbe Kunststofftafeln) bewährt, die diese Schädlinge anlocken.

Andererseits sollte man es einmal mit Nützlingen, z. B. Schlupfwespen, versuchen. Sie werden mittlerweile auch für Hobbygärtner angeboten, auf kleinen Kartonplättchen geliefert und parasitieren die Gelege der Weißen Fliege. Dabei sind sie absolut harmlos und so klein, dass man sie kaum sieht.

© C E Newman/Shutterstock.com

„ORCHIDEE" AUF DEM BALKON: ELFENSPIEGEL *NEMESIA FRUTICANS, NEMESIA*-HYBRIDEN

Orchidee ist sie freilich keine, aber die Blüten, betrachtet man sie genau, sehen aus wie kleine Orchideen. Die Wüchsigkeit dieser einjährigen Pflanze ist enorm und ihr Blütenreichtum gewaltig, wenn man ihre Vorlieben kennt. Kein Platz im vollen Regen, dagegen verträgt sie auch Halbschatten.

Neue Züchtungen sind besonders blühfreudig

Sunsatia® heißt eine neue Sorte, die besonders kräftig wächst und lange blüht. Gibt es eine Blühpause – das passiert bei Trockenheit –,

© Reut MG/Shutterstock.com

© wolff/Shutterstock.com

Die Sunsatia®-Sortengruppe bietet Blüten in vielen attraktiven Farbkombinationen

dann die Pflanze zurückschneiden und im Nu ist sie wieder voller Blüten. Der leicht überhängende Wuchs macht sie ideal für Ampeln oder bewährt sich als Unterpflanzung von Kübelpflanzen.

WEISSE BLÜTENWOLKEN: ZAUBERSCHNEE *EUPHORBIA GRAMINEA*

Neue Stars für den Balkon, und dazu zählen diese Euphorbien, bekommen viele Namen. Zauberschnee ist ein sehr treffender; noch passender finde ich aber Bienen-Schleierkraut, denn die Ähnlichkeit zu dieser beliebten Pflanze ist enorm. Waren die ersten Züchtungen vor einigen Jahren noch sehr empfindlich, was das Gießen betrifft, so hat sich die Pflanze (auch wegen der wärmeren Sommer) extrem gemausert.

Verträgt Hitze und blüht ewig

Nur in den ersten paar Tagen nach dem Pflanzen sollte man ein wenig vorsichtig gießen. So ist es bei wasserspeichernden Kisterln besser, zunächst den Tank nicht zu füllen und auf ein deutliches Wachstumssignal zu warten. Dann aber gibt es kein Halten mehr. Neue Sorten haben sehr dichte Blüten, demnächst kommt neben den gebräuchlichen weißen Sorten eine rosarote auf den Markt.

© OÖ Gärtner

Tipp für die Gelassenheit

Manche Balkonpflanzen meistern die Hitze

Bei der Auswahl von Balkonblumen ist der Markt offensichtlich unüberschaubar, und wer im Frühjahr die Pflanzen wählt, ist von der Blütenpracht überwältigt. Man soll sich aber nicht (komplett) verführen lassen, denn nicht alle Pflanzen bleiben derartige Blütenwunder. Oft vernichtet der Regen die Blüten oder sie verdorren in der Hitze. Gerade Letzteres ist in den vergangenen Jahren zum großen Problem geworden. Daher gilt es, die richtige Blütenpracht auszuwählen: An oberster Stelle bei den Hitzepflanzen stehen die Pelargonien, die auch zwei Tage ohne Wasser überdauern, gefolgt von Zweizahn (*Bidens*) und Zauberschnee.

#tippfürdiegelassenheit

VON MENSCHENHAND GESCHAFFEN: ZAUBERGLÖCKCHEN *CALIBRACHOA*-HYBRIDEN

Verwandt sind sie mit den Petunien, aber entstanden sind sie durch langwierige Züchtungen. Das hat den großen Vorteil, dass man alles, was eine Balkonblume haben sollte, in diese kleinen zauberhaften Glöckchen hineingezüchtet hat.

Viel Wärme und Nährstoffe

Alle wüchsigen Balkonblumen benötigen viele Nährstoffe, das Zauberglöckchen ganz besonders. Eines unterscheidet diese Pflanze von vielen anderen: Sie ist sehr wärmeliebend. Erst über plus 10 °C beginnt die Brasilianerin zu wachsen. Ist es kühler und man gießt zu viel, kann es zu Wurzelfäulnis kommen. Ist dann aber Hochsommer, lässt sie sich kaum bremsen. An Farben gibt es mittlerweile alles, was das Herz begehrt. Besonders gut kombinieren lässt sie sich mit Pelargonien.

© Christiane Godin/Shutterstock.com

© Natalia Greeske/Shutterstock.com

DIE FARBEN DES
HERBSTES

Die goldenen Zeiten des Jahres sind nicht nur in der Natur voller Erlebnis, sondern können es ohne Zweifel auch auf Balkon und Terrasse sein. Wenn die große Blütenpracht des Sommers allmählich Geschichte ist, sind es die warmen Farben des Herbstes, die als Dekoration in den Vordergrund treten. Kräftiges Rot, saftiges Grün und strahlendes Gelb dominieren nun und bringen auch Gartenlust in die grauen Herbsttage.

Gerade in den letzten Jahren hat sich hier viel getan. Galt der Herbst früher als Ende eines Gartenjahrs, bezeichnet man ihn heute viel positiver als den „Frühling des Winters". Geprägt haben diese Formulierung nicht die Marketingstrategen der großen Pflanzenzüchter, sondern der französische Impressionist Henri de Toulouse-Lautrec. Für ihn war die Farbenpracht dieser Tage zu recht ähnlich beeindruckend wie jene in den Frühlingsmonaten. Kombinieren Sie bunte Kürbisse, Chrysanthemen und Stauden zu attraktiven Herbstarrangements.

BUNTES LAUB, GRÄSER UND SPÄTE BLÜTEN

Wie holt man sich nun aber diese Pracht in die Töpfe? Einerseits nützt man den Aspekt der Laubfärbung, der auch bei Gehölzpflanzungen in Trögen auf der Terrasse für großartige Lichteffekte sorgt, andererseits sind es Früchte und Samenstände an den Gehölzen. Dazu gehören aber noch einige Stauden und Saisonblumen, die punktuell noch mehr Attraktivität auf den Balkon bringen.
Das sind einerseits die Gräser, die bis in den Winter hinein für Struktur sorgen, andererseits aber die vielen herbstblühenden Pflanzen. Eine wurde lange Zeit als Friedhofs-

© Natalia Greeske/Shutterstock.com

BEI DER PFLEGE IST DER HERBSTBALKON WENIG AUFWENDIG. GEGOSSEN WERDEN MUSS NUN NUR NOCH ALLE PAAR TAGE. VERGESSEN SOLLTE MAN ES AN DEN GRAUEN, NEBLIGEN UND SCHEINBAR FEUCHTKÜHLEN TAGEN ABER DENNOCH NICHT, DENN DIE ERDE TROCKNET BEI WIND DANN SCHNELLER AUS, ALS MAN DENKT. DIE BESTÄNDIGE FEUCHTIGKEIT SORGT SCHLIESSLICH FÜR EIN GESUNDES WACHSEN, AUCH IN DEN LETZTEN TAGEN EINES GARTENJAHRS.

pflanze abgestempelt, dabei ist sie eine so herrliche Blütenpflanze: die Chrysantheme, oder, wie sie in Japan treffender genannt wird, die „Goldblume". Ihr Blütenreichtum reicht von winzig kleinen Blüten, die in Blumenstöcken wie große Kugeln eng zusammenstehen, bis hin zu Einzelblüten, groß wie Orangen. Die Blumenstöcke können als einzelne Blickpunkte platziert werden oder als kleine Pflanzen in die Blumenkästen gesetzt werden. Gleiches gilt für die vielen Sorten der Besenheide. Auch hier ist den Züchtern vor einigen Jahren etwas Geniales gelungen. Hat die Heide früher nur kurze Zeit geblüht, weil nach der Befruchtung die Blüten abfielen, gelang es, Sorten zu ziehen, deren Blüten sich nicht öffnen und als Knospen wochenlang für Farbe sorgen. Das mag nun nicht ideal für Bienen sein, aber dafür

finden sie bei anderen Herbstblumen einen letzten Nektar und ein paar Pollen. Zum Beispiel bei den Herbstlieblingen von mir, den Purpurglöckchen. Hier sind nicht die Blüten von großer Bedeutung, sondern vor allem die vielen Farbschattierungen der Blätter – von silbrigem Grau über kräftiges Rot bis hin zu beinahe schwarzen Blättern. Diese mehrjährigen Stauden eignen sich als Unterpflanzung von Gehölzen und sorgen schon den Sommer über für eine interessante Gestaltung.

Auch niemals fehlen dürfen bei mir die Alpenveilchen. In diesem Fall sind es die zwar nicht frostfesten, aber dennoch robusteren Zimmer-Zyklamen. Vor allem Minisorten halten Temperaturen von minus 3 bis 4 °C aus und müssen nur vor Regen geschützt sein, dann blühen sie sehr lange.

Tipp für die Gelassenheit

Braune Blätter sind keine Unordnung

Die Zeiten, wo das vergilbende Laub, die braunen Blätter oder die vertrockneten Blüten eine Unordnung darstellten, sind mittlerweile für viele Menschen vorbei. Selbst auf dem Balkon oder der Terrasse ist diese Zeit der Vergänglichkeit der Beginn eines neuen Wachsens. Viele Insekten, die als Nützlinge so manche Schädlinge vernichten, verstecken sich in den Laubresten. Und bei größeren Trögen ist die Laubschicht ein idealer Winterschutz. Wer nicht penibel aufräumt, ist also der klügere Balkongärtner!

#tippfürdiegelassenheit

© Natalia Greeske/Shutterstock.com

VIELFÄLTIGE BLÜTENPRACHT: CHRYSANTHEME *CHRYSANTHEMUM* SP.

Sie heißen 'Citronella', 'Blickpunkt' oder 'Anja's Bouquet' und sorgen zusammen mit mittlerweile gut 5000 Sorten für herbstliche Blütenfülle. Chrysanthemen sind sogenannte Kurztagspflanzen, das heißt, sie beginnen erst dann zu blühen, wenn der Tag kürzer ist als die Nacht.

Damit die Blütenpracht lange währt, sollte man die frisch gekauften Pflanzen nie austrocknen lassen, aber auch niemals in einem Übertopf mit Wasser stehen lassen. Da gehen die Pflanzen rasch ein. Wer Verblühtes ausschneidet, wird sich immer an neuen Blüten erfreuen. Ab und zu düngen.

WIE EIN KLEINER STRAUCH: HEBE *HEBE* SP.

Ob mit Blüten (Strauch-Veronika) oder als immergrüner Ministrauch (z. B. 'Green Globe') – die Hebe ist eine herrliche Balkonpflanze und wirkt in Schalen und Kästen besonders schön, weil die Blätter ein wenig Ruhe in eine Bepflanzung bringen. Damit es den Pflanzen gut geht, immer in kalkfreie Erde setzen. Bei starken Frösten schützen und im Frühjahr zurückschneiden. Sonst sind sie pflegeleicht.

© Traveller70 und yilmazsavaskandag/Shutterstock.com

FARBE ÜBER WOCHEN: BESENHEIDE

CALLUNA VULGARIS

Die Besenheide – manche verwechseln sie mit den nicht winterharten Eriken (*Erica gracilis*) – ist eine besonders robuste Pflanze. Sie gibt es in vielen Sorten, die allesamt lange blühen bzw. schon durch ihre Knospen zierend wirken. Die unter dem

BLATT & BLÜTE: PURPURGLÖCKCHEN

HEUCHERA SANGUINEA

Das Purpurglöckchen erfährt in den letzten Jahren ein ungeheures Interesse. Den Züchtern sind zahlreiche Sorten gelungen, die mit ihren bunten Blättern und ihren zarten Blüten alle Blicke auf sich ziehen. Die Pflanzen gedeihen eigentlich überall gut, besonders wohl fühlen sie sich im Halbschatten, doch gerade im Herbstkisterl zeigen sie ihre wahre Pracht. Wer Platz hat, kann Gehölze damit unterpflanzen; ist der Wurzeldruck zu groß, dann besser in eigenen Pflanzgefäßen dazustellen. Töpfe im Winter mit Vlies und Jute schützen.

© Fabrizio Guarisco/Shutterstock.com

WEISSE BLÜTE, ROTE FRÜCHTE: SCHEINBEERE *GAULTHERIA PROCUMBENS*

Namen „Gardengirls" laufenden Knospenblüher sind sicherlich die bekanntesten. Damit sich die Pflanze wohlfühlt, in Moorbeeterde setzen, denn sie mag keinen Kalk. Will man sie mehrere Jahre haben, im Frühjahr stark zurückschneiden.

Die Rebhuhnbeere, wie sie auch genannt wird, ist ein idealer Bodendecker – auch in gut verwurzelten Pflanzgefäßen. Sind die weißen Blüten schon eine Zierde für sich, so punkten die roten Beeren im Herbst.
Saurer Boden, saurer Dünger und Regenwasser – das wären die idealen Voraussetzungen, wenn nicht alles perfekt ist, wächst die Pflanze trotzdem. Die Beeren sind schwach giftig, schmecken aber nach Kaugummi. In den USA macht man daraus sogar ein ätherisches Öl – „Wintergreen Oil".

© Roel Meijer/Shutterstock.com

ZWEIMAL EIN BLICKPUNKT: SKIMMIE *SKIMMIA JAPONICA*

Die kräftig grünen, glänzenden Blätter mit den roten Blütenansätzen sind es, die Skimmien im Herbst so beliebt machen. Oft werden sie als Minipflanze verkauft, die Fensterkästen aber genauso wie große Solitärgehölze schmücken.
Die aus Japan stammende Pflanze liebt den Halbschatten, ist nur bedingt winterhart, wenn sie im Topf steht. In großen Trögen übersteht sie aber mildere Winter gut. Saure Erde, Rhododendrondünger im Frühling und regelmäßiges Wässern lassen Skimmien gut wachsen.

© Poly Liss/Shutterstock.com

© Vika Lilu/Shutterstock.com

Gartenirrtum

Skimmien sind nur im Herbst attraktiv

Fast ausschließlich findet man diese Grünpflanze im Herbst, doch gerade im Frühling ist sie noch interessanter. Dann verströmen die Blüten nämlich einen intensiven Duft. Stehen männliche und weibliche Pflanzen beisammen, gibt es auch noch einen attraktiven Beerenschmuck!

#gartenirrtum

© franz12/Shutterstock.com

© Natalia Greeske/Shutterstock.com

DEM WINTER
EIN SCHNIPPCHEN SCHLAGEN

Im Tiefschnee wedeln, durch den Schnee stapfen – das ist der Winter. Aber leider nur draußen in der Natur. Auf dem Balkon oder der Terrasse sieht es meist traurig aus. Ein paar Reste von abgetrockneten Sommerblumen, ansonsten dominieren Grau, Braun und Schwarz. So sollte unsere grüne Oase aber nicht sein.

Es ist eine Frage der Gestaltung, wie man einen Balkon oder eine Terrasse das ganze Jahr über attraktiv hält. Wichtig ist es daher, nicht bloß auf die Sommermonate zu achten, sondern bei der Auswahl der Pflanzen auch immer solche zu wählen, die auch im Winter attraktiv sind. Daher sucht man bei den Gehölzen (siehe Kapitel 7 – Grün übers Jahr) solche Arten, die einerseits wintergrün sind (zum Beispiel der Buchs, die Stechpalme oder der Kirschlorbeer), oder aber solche, die sich

durch eine interessante Rinde, einen speziellen Wuchs (Korkenzieherhasel, Korkenzieherweide, Flügel-Spindelstrauch oder Zimtahorn) oder durch Fruchtstände (Berberitze, Weißdorn, Feuerdorn, Zierapfel, Stechpalme, Gewöhnlicher Schneeball) auszeichnen. Das ist der erste Schritt für eine Terrasse, die optisch im Winter etwas zu bieten hat.

Auch Reste vom alten Gartenjahr sind schön. Nett zusammengebundene Gräser schmücken genauso wie der buntblättrige

Salbei, der im tiefsten Winter noch ein wenig frische Würze liefert. Oder die Stacheldrahtpflanze: Ihre silbrig weißen Triebe sehen fast so aus, als ob Raureif sie überzogen hätte. Absoluter Star für den Winter ist allerdings die Schneerose, eine Blütenstaude, geworden. Sie wartet gleich mit drei Namen auf: Christrose – als Vorweihnachtspflanze –, Schneerose – in den ersten Tagen des neuen Jahres –, und schließlich als Lenzrose – die den nahtlosen Übergang in den Frühling schafft.

INSEKTENHOTELS, NISTKÄSTEN UND DEKORATION

Dekoelemente können eine ganz wichtige Rolle bei der Gestaltung in der kalten Jahreszeit sein. Regale, die im Sommer Platz für Topfpflanzen bieten, aber allein durch ihre Form schön aussehen und mit nur wenigen Objekten zum Hingucker werden. Steine, Eisenobjekte oder auch knorrige Wurzeln sind dann der Ersatz für die Blumenstöcke. Nicht zu vergessen sind die so beliebten Insektenhotels oder Vogelnistkästen. Sie müssen (!) immer

im Freien bleiben. Hängt man noch einen Vogelfutterkasten auf, ist garantiert niemals eine Öde und Leere auf der Terrasse.

© Sketchart/Shutterstock.com

Tipp für die Gelassenheit

Sommerkisterln weiterverwenden

Viele der Sommerblumen sind einjährig. Und dennoch kann man die Kisterln für die Winterdekoration gut nützen. Die Pflanzen werden nicht ausgerissen, sondern abgeschnitten, und die Erde, die dicht verwurzelt ist, wird als „Steckschwamm" für Äste genützt. Immergrüne Latschen (Legföhren), aber auch Zweige von Korkenzieherhasel oder -weide füllen dann die Sommerkisterln. Dekorieren kann man auch sehr gut mit den Ästen der heimischen Waldrebe, die man ebenso wie Efeu dazwischen arrangiert.

#tippfürdiegelassenheit

SCHUTZ MIT JUTE UND VLIES

Damit die Pflanzen den Winter gut überstehen, ist es oft notwendig, sie mit Jute und Vlies zu schützen. Wer hier geschickt arbeitet und die Bänder farblich passend auswählt, hat ebenfalls einen Schritt in Richtung dekorativer Winter gemacht. Winterschutz gibt es darüber hinaus sogar mit lustigem Aufdruck: Der eingepackte Buchs wird dann zum Rentier. Egal welche Pflanzen auf dem Balkon stehen bleiben, sie müssen immer ausreichend gegossen werden. Immergrüne würden sonst nicht überleben, denn sie verdunsten auch in der kalten Jahreszeit Wasser – ist keines vorhanden, vertrocknen sie. Daher sind abgestorbene Pflanzen meist kein Frostopfer geworden, sondern verdurstet.

" EINE PFLANZE, DIE ICH ÜBER DIE JAHRE LIEB GEWONNEN HABE, IST DER EFEU. GUT 60 BIS 70 SORTEN STEHEN IN EINER SAMMLUNG BEI MIR. WENN AUCH EINIGE NICHT WINTERHART SIND, VIELE BRINGEN DURCH GELBE, WEISSE ODER GEMUSTERTE BLÄTTER FARBE AUF DEN WINTERBALKON. **"**

© Christoph Böhler

71

Helleborus niger

Helleborus Orientalis-Hybriden

© Thu_Truong_VN/Shutterstock.com

© nnattalli/Shutterstock.com

DIE ROSE AUS DEM SCHNEE: CHRISTROSE *HELLEBORUS NIGER*

Sie ist schon eine ungewöhnliche Pflanze. Wenn sich die Natur zur Ruhe begibt, beginnt diese winterharte Staude ihre Blütenknospen zu bilden. So tauchen in milden Jahren schon um die Weihnachtszeit die ersten Blüten auf. Orientalische Sorten punkten mit großen Blütenformen- und Farbenvielfalt, sie können gesprenkelt, gerandet und geädert sein.

Robust auch bei Eis und Schnee
Selbst der stärkste Frost tut den heimischen Schneerosen (*Helleborus niger*) nichts an. Freilich nur dann, wenn man sie immer draußen gehalten und nicht im Gewächshaus vorgetriebene Pflanzen gekauft hat. Die Orientalischen Schneerosen (*Helleborus-Orientalis*-Hybriden) sind deutlich empfindlicher und müssen bei starker

Kälte unbedingt geschützt werden. Beim Pflanzen in größere Gefäße sollte man unbedingt für eine gute Drainage sorgen. Wer kalkhaltigen Splitt untermischt, der tut den Pflanzen etwas Gutes. Auch Eierschalen helfen den kalkliebenden Stauden. Kranke Blätter entfernen und den Sommer über immer gut gießen, dann blühen sie garantiert wieder.

DAS HAAR DER MUTTER ERDE: GRÄSER *CAREX, PENNISETUM* ETC.

Über Gräser könnte man gleich mehrere Bücher schreiben, daher hier eine ganz persönliche Auswahl. Die Seggen (*Carex*) mit ihren kräftigen, im Querschnitt dreieckigen Blättern sind sehr robust, breiten sich mit Ausläufern aus und trumpfen mit panaschierten Blättern oder eindrucksvollen Fruchtständen (Morgenstern-Segge) auf. Das Lampenputzergras (*Pennisetum alopecuroides*) gehört zu den dekorativen Terrassengräsern, und auch das Zwerg-Chinaschilf (*Miscanthus sinensis*) und der klein bleibende Blauschwingel

Carex 'Evergold'

© GartenAkademie.com

(*Festuca glauca*) passen gut in Tröge und Töpfe.

Auch im Winter gießen
Ansprüche stellen Gräser wenig. Die Erde sollte humos und mit Dünger angereichert sein. Auch im Winter dürfen die Töpfe nicht vollständig austrocknen. Abgeschnitten werden die Blätter erst im Frühjahr, sodass es zu keiner Fäulnis kommt. Alle zwei Jahre sollte man umsetzen und dabei den Wurzelballen mit einer Säge verkleinern. So kann man in denselben Topf mit neuer Erde setzen.

DER IMMER-GRÜNE KLETTER-KÜNSTLER: EFEU

HEDERA HELIX

Sie sind die robustesten Kletterpflanzen, lassen sich aber auch in Töpfen gut kompakt halten, wenn man sie immer wieder schneidet. Darauf achten, dass keine der tropischen Sorten, die fürs Zimmer angeboten werden, als Dauerbepflanzung verwendet werden. Sie würden abfrieren. Efeu ist ein Schatten- bzw. ein Halbschattengewächs. Volle Sonne macht ihm zu schaffen, wenn die Erde oft austrocknet. Dann kommen rasch Spinnmilben. Daher die Pflanzen öfter übersprühen.

OHNE BLATT UND BLÜTE: STACHELDRAHTPFLANZE

LEUCOPHYTA BROWNII (SYN. CALOCEPHALUS BROWNII)

Diese Pflanze kennt man von den meist zum Verkauf angebotenen Herbstschalen. Hier dürfen die silbrigen Äste als Blickpunkt nicht fehlen. Nur in sehr milden Wintern überleben Stacheldrahtpflanzen, ansonsten werden sie als einjährige Bereicherung im Kisterl verwendet.
Die Pflanze stammt aus Australien und kommt dort gut mit dem trockenen Klima zurecht. Daher niemals zu viel gießen. Dennoch wird sie den Winter kaum überleben, denn schon bei minus 5 °C friert sie ab.

© Traveller 70/Shutterstock.com

DUFT UND ZIERDE: BUNTBLÄTTRIGER SALBEI

SALVIA OFFICINALIS 'TRICOLOR'

Als Würzpflanze kennt man sie, als Zierpflanze – die aber noch immer die intensiv duftenden Blätter besitzt – nicht so häufig. Gerade die dreifarbige Form ist für die Winterdekoration besonders interessant. Nur wenn die Pflanze vor zu viel Regen geschützt ist, wird sie überleben. Gefährdet ist sie vor allem dann, wenn man ihr kein durchlässiges Substrat aus Sand, Splitt und nur wenig Packungserde gegeben hat. Die Wurzeln faulen rasch.

© Manfred Ruckszio/Shutterstock.com

Weise Erkenntnis

Gießen rettet Winterblumen

Ob es der Efeu, die immergrünen Gehölze oder die Schneerosen sind – alle benötigen auch im Winter Wasser. Das ist oft nicht leicht zu bewerkstelligen, denn gegossen werden muss dann meist mit der Gießkanne. Kein zu warmes Wasser verwenden und immer auf frostfreie Tage warten. Trotzdem Staunässe (in Übertöpfen!) vermeiden.

#weiseerkenntnis

GARTENFRAGEN ZU
BLÜHENDEN BALKONBLUMEN

 # livegartentipps

Ich bin immer am Zweifeln, welche Erde ich nehmen soll. Letztens hatte ich eine teure torffreie Erde gekauft, aber die Pflanzen sind praktisch nicht gewachsen. Wie kann es das geben?

Torffreie Erde verwendet als Strukturmaterial meist Holzfaser. Die beginnt relativ rasch zu verrotten (wie auf dem Komposthaufen). Dabei verbrauchen die Mikroorganismen viel an Stickstoff, und so beginnt die Pflanze regelrecht zu verhungern. Die meisten der torffreien Erden muss man daher besonders intensiv düngen.

Warum sind die „Kunstdünger" schlecht? Ich finde die Langzeitdünger, die über Monate halten, sehr praktisch.

Schlecht möchte ich, selbst als Biogärtner, nicht sagen. Aber erwiesenermaßen reduzieren sie das Bodenleben und es werden Pilze und Bakterien zerstört. Mit diesen leben aber viele Pflanzenwurzeln in Gemeinschaft und sie fördern so die Vitalität und Gesundheit. Ich schlage Ihnen eine Kombination vor. In der ersten Anwachsphase organisch düngen, später nach Bedarf flüssig dazudüngen. Die Langzeitdünger können Sie auch dazugeben, denn die werden erst aktiv, wenn die Temperaturen hoch genug sind. Dann öffnen sich die Schutzhüllen bei den „Kugerln" und geben die Düngesubstanzen frei.

Mein Balkon liegt in der vollen Sonne und ich bemerke bei vielen Pflanzen silbrige Blätter – ist das ein Sonnenbrand? Oder doch eine Krankheit?

Das ist tatsächlich Sonnenbrand. Selbst die hitzefestesten Pflanzen können bei extremer Hitze Schaden erleiden. Besonders häufig passiert das nach dem Auspflanzen, wenn es Sonnenschein gibt. Zu Beginn lohnt es sich, Sonnenschirme aufzustellen. Vlies wäre ungeeignet, denn es verursacht stauende Hitze.

Primeln gehören zu den ersten Gästen am Balkon

© Galina Grebenyuk/Shutterstock.com

Kürzlich sah ich bei einem Bauernhof Surfinien, die mehr als einen Meter nach unten hingen und voller Blüten waren. Die Bäuerin meinte, sie habe nur Komposterde verwendet und etwas Dünger. Gibt es das?

Dieses unwahrscheinliche Wachstum habe ich auch schon bei vielen Gärtnerinnen gesehen. Hier spielt ein Feingefühl fürs Gießen und Düngen eine große Rolle. Oft, so wurde mir erzählt, wird jeden Tag ein wenig Dünger dem Gießwasser beigemischt. Die Regelmäßigkeit führt offensichtlich zu gigantischem Wachstum.

Muss ich Pelargonien nach dem Überwintern immer umsetzen oder genügt ein Rückschnitt?

Im Prinzip sollte man die Pflanzen in eine neue Erde bringen, denn durch das permanente Gießen und Düngen sammeln sich viele Salze in der Erde, die den Pflanzen nicht guttun. Man könnte aber einen Teil der Erde herauskratzen und ersetzen, das wird wahrscheinlich reichen.

Wenn ich Pelargonien aus Samen ziehe, werden das auch so große Stöcke wie die gekauften?

Diese Samen legt man bereits im Jänner in die Erde, dann wachsen die kleinen Pflänzchen sehr rasch. Richtig lohnen tut es sich nicht, allerdings macht es großen Spaß, zu be-obachten, wie schnell diese Balkonblumen gedeihen. Interessant ist es übrigens, wenn man Samen aussät, die sich ab und zu bei den gekauften Pelargonien bilden. Da werden möglicherweise ganz neue Sorten entstehen.

Wir haben jedes Jahr eine Dipladenie (Sorte 'Sundaville') bei uns auf der Terrasse. Sie blüht und wächst enorm, aber wir bringen sie nie über den Winter. Kann man sie überwintern?

Ja, man kann sie überwintern, und zwar auf zweierlei Art: Entweder werden die Pflanzen, bevor es richtig kalt wird, ins Haus geholt und in einem warmen Zimmer überwintert. Vorsicht! Manchmal tauchen schlagartig Blattläuse auf. Die zweite Möglichkeit ist, dass man die dicken Wurzeln (sehen wie bei den Dahlien aus) in einem kühlen Keller in Sand einpackt und im Frühjahr neu pflanzt. Erstere Methode ist aber erfolgreicher.

Angeblich sind Schmucklilien (*Agapanthus*) winterhart. Wie kann man sie im Freien über den Winter bringen?

Winterharte Schmucklilien gibt es tatsächlich, allerdings kann man sie nicht im Topf überwintern, sondern nur ausgepflanzt im Garten. Aber auch dort wird man sie in einem strengen Winter nur gut geschützt mit Laubmulch über die kalte Jahreszeit bringen.

GARTELN
OHNE
GARTEN

Traum
vom Süden

EIN STÜCK ITALIEN AUF DEM BALKON

Sommer, Sonne, Palmen und der Duft von Orangen und Zitronen.
Kommt schon Urlaubsstimmung auf? Auch ohne Reise kann der
Traum vom Süden daheim auf Balkon und Terrasse wahr werden. Ist
es das saftige Laub, das Zittern der Palmwedel im Wind oder doch der
Duft der Blüten, was die Kübelpflanzen so begehrt macht? Früher
war es meist nur der Oleander, der üppig blühend die Terrassen
zierte, heute sind es Dutzende, um nicht zu sagen Hunderte
verschiedene Arten und Sorten.

WASSER UND DÜNGER FÜR KÜBELPFLANZEN

Oft höre ich von Gartenfreundinnen und -freunden, dass sie ihre Kübel-pflanzen-„Riesen" nun gar nicht mehr düngen, „damit sie nicht so wachsen". Doch genau das ist der falsche Weg. Alle Gehölze benötigen Nährstoffe, damit sie gesund und vital bleiben – und auch blühen. Der Rückschnitt (wo es möglich ist) hält sie blühfreudig und lässt die Pflanzen transportfähig bleiben.

Gedüngt wird bei mir in erster Linie mit der Erde, die ich in der obersten Schicht austausche. Sie besteht aus Kompost, Sand, Tongranulat und viel organischem Dünger: Hornspäne, Schafwollpellets und organische Biovolldünger mische ich unter. Ab Juni wird flüssig dazugedüngt – bis Mitte August. Dann beginnt schon die „Diät", denn in dieser Zeit stellen die Pflanzen ihr kräftiges Wachstum ein. Weniger gegossen wird ab September. Besteht die Möglichkeit, sie vor Regen zu schützen, sollte man vor allem Zitruspflanzen und Oleander unter Dach bringen. Das führt zum Ausreifen der Triebe und macht die Pflanzen robuster. Vor allem, wenn das Winterquartier nicht optimal ist.

© Romolo Tavani/Shutterstock.com

Der Klebsame *(Pittosporum tobira)* lässt sich gut schneiden　　© Olga Rom/Shutterstock.com

DIE GRÖSSE BEACHTEN

Bei der Auswahl sollte man auf Wuchsform und Größe achten, denn manche Pflanzen lassen sich nicht schneiden. Fast alle Palmen – gemeint sind zum Beispiel die Hanfpalme oder die Phoenixpalme – können in der Höhe nicht reduziert werden. Anders ist das bei Oleander, Citrus oder Olive. Sie kann man durch regelmäßigen Schnitt kompakt halten und sie bekommen sogar eine individuelle Form. Bei mir sind zum Beispiel der Klebsame (*Pittosporum tobira*) oder der immergrüne Japanische Liguster (*Ligustrum japonicum*) solche Kübelpflanzen, die mit dicken verholzten Stämmen ihr Alter von nahezu drei Jahrzehnten deutlich machen.

Ihr hohes Alter zeigt schon, dass diese Pflanzen extrem robust und genügsam sind. Sie stehen ab April auf der Terrasse und sind mit ihrem dicken, glänzenden Laub eine Zierde. Kommen die Blüten, hüllen sie sich in eine Duftwolke. Bis in den November können sie im Freien bleiben und werden dann in einem Innenhof überwintert, wo es gerade einmal frostfrei ist. Besonders attraktiv ist für mich der immergrüne Sternjasmin (*Trachelospermum jasminoides*). Diese Kletterpflanze sieht schon ohne Blüten attraktiv aus, doch ab Mai ist er auch noch eine Duftattraktion! Die kleinen weißen sternförmigen Blüten hüllen den gesamten Stock ein, der an einem Klettergerüst über Jahrzehnte prächtig wächst. Er kann Jahr für Jahr durch Schnitt in Form gehalten werden.

© Christoph Böhler

Weise Erkenntnis

Topf muss nicht mitwachsen

Umgepflanzt werden Kübelpflanzen bei mir selten. Ein 60-cm-Eichentopf ist dabei das Maximum: Ein größeres Volumen gibt es nicht! Ist diese Größe erreicht, wird ab dann entweder die oberste Erdschicht abgekratzt und erneuert oder alle paar Jahre die Pflanze aus dem Topf genommen, der Erdballen mit einer Säge rundherum reduziert und mit frischer Erde aufgefüllt. Damit bleiben auch Kübelpflanzen transportierbar.

#weiseerkenntnis

ÜBERWINTERN – DAS KANN SORGEN MACHEN

Wer viele wertvolle Kübelpflanzen besitzt und kein Gewächshaus zum Überwintern hat, der sollte unbedingt auf einen Profigärtner setzen. Dort haben die Pflanzen optimale Bedingungen und werden gesund und kräftig im Frühjahr zurückkehren. Vergleicht man den Wert der Pflanzen und die Kosten für diese Dienstleistung, dann lohnt sich das. Ansonsten heißt es improvisieren: Keller mit Kunstlicht, Treppenhaus oder Wintergarten. Jede Pflanze hat dabei andere Ansprüche.

> BEI EINER REISE NACH AMALFI WAR ICH VOM DUFT DER ZITRUSGEWÄCHSE SO HYPNOTISIERT, DASS ICH IN EINER KLEINEN BAUMSCHULE EINEN ORANGENBAUM KAUFTE. DER BAUM ÜBERLEBTE MEHR ALS DREISSIG JAHRE AUF BALKON UND TERRASSE, EHE EINE LEIDER ZU SPÄT BEMERKTE INVASION VON DICKMAULRÜSSLER-ENGERLINGEN DER PFLANZE DEN GARAUS MACHTE.

© Karl Ploberger

© Lobanov Yury/Shutterstock.com

DUFT UND GENUSS: CITRUS *CITRUS* SP.

Wer einmal durch eine Orangenplantage in der Blütezeit spaziert ist, der wird dieses Erlebnis nicht vergessen. Genauso wenig wie jenen Genussmoment, wenn man eine frisch vom Baum gepflückte, vollreife Mandarine verspeist. Deshalb gehören alle Zitruspflanzen zu den absoluten Kübelpflanzenfavoriten. Sie sind im Sommer beinahe unersättlich und benötigen viel Dünger und auch Wasser. Kalk mögen sie nicht so gern, die hellgrünen bis ins Gelb gehenden Blätter sind meist ein Zeichen von Düngermangel.

Gut durch den Winter

Überwintert werden Zitruspflanzen kühl, hell und sehr trocken. Keller sind oft schon zu warm. Die Faustregel: Beginnt die Zitruspflanze im Überwinterungsraum zu blühen, war es zu warm. Wirft sie die Blätter ab, war es zu nass. Ins Freie kommen die Pflanzen ab Mai, dann (zu Beginn mit Vlies als Verbrennungsschutz) in die volle Sonne. Zeigen sie Wachstum, beginnt das Düngen, einerseits durch Austausch der obersten Erdschicht, andererseits durch flüssige Dünger.

DIE SÜSSESTEN FRÜCHTE: FEIGE *FICUS CARICA*

Bis vor ein paar Jahren waren Feigen eher Außenseiter im Kübelpflanzenreich. Heute sind sie allgegenwärtig; es gibt zahlreiche Sorten für Balkon und Terrasse und kaum etwas kann mit einer frischen Feige zum Abendtisch, eventuell mit Mozzarella, mithalten. In vielen Gegenden wachsen sie sogar schon längst ausgepflanzt im Freien, und das zeigt uns, dass es sich um eine extrem robuste Pflanze handelt. Zu Beginn sollten alle Feigen drei Jahre im Topf kultiviert werden, ehe man sie auspflanzt. Man kann sie aber auch jahrelang im Topf kultivieren.

Viel Platz, später Schnitt

Im Sommer, an der heißesten Stelle auf Balkon oder Terrasse, zeigt die Feige ihre Wuchsfreude – und benötigt Platz. Denn schneidet man in der Wachstumszeit, gibt es keine Früchte. Gießt und düngt man aber ausgiebig, steht einer Ernte der süßen Früchte nichts im Wege. Die Überwinterung ist leicht: Garage (ohne Licht) und eine Temperatur bis minus 5 °C sind ideal. Ab April geht's wieder ins Freie.

© LifeCollectionPhotography/Shutterstock.com

© Botond Horvath/Shutterstock.com

© Botond Horvath/Shutterstock.com

© Little stocker/Shutterstock.com

BLÜTENWUNDER OLEANDER *NERIUM OLEANDER*

Riesige Exemplare des auch als Rosenlorbeer bezeichneten Oleanders sind oft auf Bauernhöfen zu finden, weil die kühlen Vorhäuser ein ideales Winterquartier bieten. Da er zur Familie der Hundsgiftgewächse gehört, ist er auch giftig. Doch wer hat schon vor, einen Oleander zu verspeisen? Der botanische Gattungsname sagt übrigens einiges über den Oleander aus. Nerium ist lateinisch, bedeutet „nass" und weist auf den natürlichen Standort in Flusstälern hin.

Gießen mit kalkhaltigem Wasser
Damit eine Pflanze auch wirklich zu blühen beginnt, benötigt sie den heißesten Platz des Gartens und sehr viel Wasser. Allerdings kein Regenwasser – der Oleander braucht kalkhaltiges Wasser, das am besten in einem Untersetzer stehen bleibt. Gegossen wird immer, wenn der Untersetzer leer ist. Im Winterquartier allerdings muss die Pflanze sehr trocken gehalten werden, sonst beginnen die Wurzeln zu faulen. Gedüngt wird regelmäßig von April bis August. Der Oleander wächst bis zwei Meter hoch, kann aber sehr gut geschnitten werden.

Gartenirrtümer

Oleander mag es trocken

Meine Italienreisen haben mir zu Beginn meiner Gartenleidenschaft ein völlig falsches Bild von den Vorlieben des Oleanders vermittelt. In der Hitze des Südens wachsen Oleander dort auf dem Mittelstreifen der Autobahn. Doch das scheinbar trockene Erdreich ist im Untergrund immer feucht, weil darunter Wasseradern laufen. Weil der Oleander eine mediterrane Auwaldpflanze ist, im Sommer viel gießen.

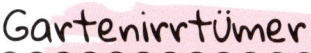
#gartenirrtum

FLIEDER DES SÜDENS: LAGERSTROEMIA *LAGERSTROEMIA INDICA*

Kaum eine Pflanze zieht im August die Blicke mehr an als dieses Gehölz. Mit ihren roten, rosa, violetten und strahlend weißen Blüten ist sie der Hochsommerstar. Im Süden wird sie oft als klein bleibender Alleebaum in Straßen verwendet. Im Topf wächst sie problemlos,

allerdings schmückt sie sich nicht immer mit Blüten, denn sie ist sonnenhungrig, und in einem verregneten Sommer öffnen sich die Knospen möglicherweise nicht.

Frühe Blüte durch Vortreiben
Damit der Flieder des Südens zur vollen Blüte kommt, wird er im Herbst möglichst lange im Freien belassen und beim Einräumen kräftig zurückgeschnitten. Gibt es die Möglichkeit, ihn in einem hellen, 10 °C warmen Raum vorzutreiben, belohnt er diesen Wachstumsvorsprung mit einer sicheren Blüte. Sonst ab April ins Freie und vollsonnig aufstellen. Ist die Luft stickig, kann es zu Mehltau kommen. Ein vorbeugendes Sprühen mit Schachtelhalmextrakt schafft Abhilfe. Sollte der Pilz trotzdem auftauchen, sofort mit Backpulverwasser (1 TL auf 1 Liter Wasser) sprühen.

© Sophon-Nawit/Shutterstock.com

Tipp für die Gelassenheit

Lagerstroemia überwintert im Dunklen

Der Flieder des Südens gehört zu meinen Favoriten, kann man ihn doch als Pflanze für „intelligente Faule" bezeichnen. In manchen milden Gegenden wachsen Lagerstroemien schon im Freien, bei mir im Salzkammergut stehen sie im Topf. Sie werden im Herbst stark zurückgeschnitten und können in einer dunklen Garage bei bis zu minus 5 °C überwintern. Nur ein wenig gießen – mehr benötigen sie nicht. Im April geht's schon wieder ins Freie. Aber auf starke Spätfröste achten!

#tippfürdiegelassenheit

© Hohensee Photography/Shutterstock.com

SILBRIGES LAUB: OLIVE
OLEA EUROPAEA

Mit ihrem silbrigen Laub, den knorrigen Stämmen und den köstlichen Früchten gehört die Olive zu den begehrtesten Pflanzen des Südens. Was wären sommerliche Salate ohne Olivenöl? Dazu wird eine Kübelpflanze nicht reichen, wenn man auch noch so oft Früchte ernten kann.

Reichlich gießen, aber keine Staunässe
Wie fast alle Südländer liebt die Olive die Sonne, durchlässige Erde und doch mehr Wasser, als man denkt. Oliven stehen immer auf mineralstoffreichen, tiefgründigen Böden. Daher darf man die Düngermenge nicht unterschätzen, die sie benötigen. Auch beim Gießen im Sommer sollte man nicht zu sparsam sein, dennoch vertragen sie keinesfalls Staunässe. Keinen Übertopf oder Untersetzer verwenden! Bei längeren Regenperioden würde das zu Wurzelfäulnis führen. In milden Gegenden lohnt sich der Versuch, die Olive in kiesigem Boden auszupflanzen. Einige spezielle Sorten sind besonders frostfest, wie zum Beispiel die Sorte 'Bianchera'.

BLAUE BLÜTENSTRÄUSSE: ENZIANBAUM *LYCIANTHES RANTONNETII* (SYN. *SOLANUM R.*)

© Iva Villi/Shutterstock.com

Es ist Jahr für Jahr verlockend: kleine kompakte Blütenkugeln auf kurzen Stämmchen mit blitzblauen Blüten – so schafft es das Enzianbäumchen immer wieder, mein Herz zu erobern. Über Wochen hält diese Blütenpracht an, doch plötzlich beginnt ein unglaubliches Wachstum der neuen Triebe. Warum? Fast alle Enzianbäumchen sind mit speziellen Mitteln behandelt, die das Wachstum der Triebe bremsen. Geht die Wirkung zu Ende, beginnt der ungestüme Wuchs.

Karg halten bis zur Blüte
Das Enzianbäumchen benötigt Wasser und Dünger, aber – und jetzt kommt's: Am Beginn der Wachstumsperiode wird ganz wenig gegossen und nicht gedüngt. In dieser Zeit wächst die Pflanze praktisch nicht. Erscheinen die ersten Blüten, beginnt man langsam mehr zu gießen und wöchentlich zu düngen. So lässt sich die Wuchsfreude bremsen. Auch sollte man im Frühling nicht schneiden, denn auch dann verstärkt sich das Wachstum und es gibt kaum Blüten. Die Überwinterung erfolgt kühl und dunkel. Dabei soll kaum gegossen werden, sonst verlieren die Bäumchen das Laub. Beim Einwintern können die Pflanzen geschnitten werden.

HIMMELSSTÜRMER: PALMEN

TRACHYCARPUS FORTUNEI (HANFPALME)
PHOENIX CANARIENSIS (KANARISCHE DATTELPALME)

© fotandy/Shutterstock.com

Für fast alle ist die Palme das Symbol von südlicher Wärme, von Sonnenschein und dem damit verbundenen Urlaubsfeeling. Bei Palmen gibt es aber mehr als 2500 Arten – daher die beiden wichtigsten: Hanfpalme und Phoenixpalme, die auch unter dem Namen Kanarische Dattelpalme bekannt ist. Die robustere ist die Hanfpalme. Sie übersteht Fröste und überlebt an geschützten Plätzen, wenn der Winter nicht zu extrem ausfällt. Im Topf wächst sie ideal, denn sie ist genügsam. Nicht zu viel düngen, sonst wird sie zu groß, denn bremsen kann man das Wachstum durch Schnitt nicht.

Kein Rückschnitt möglich
Die meisten Palmen haben nur einen Vegetationspunkt – ganz an der Spitze. Deshalb kann man Hanf- und Dattelpalme nicht bremsen. Werden sie zu groß, muss man sie verschenken ... Ins Freie kommen sie früh, wenn sie im Winterquartier nicht durch zu hohe Temperaturen verweichlicht wurden. Ab März bis in den Dezember stehen sie im Freien. Organische Langzeitdünger sind die ideale Nahrung.

GARTENFRAGEN
ZU MEDITERRANEM FLAIR

livegartentipps

**Kann ich den Oleander den Sommer über aus-
pflanzen und im Herbst wieder ausgraben und
überwintern? Ich habe das bei Freunden gesehen,
die so mit der Engelstrompete verfahren und diese
im Gitterkorb überwintern.**

Ganz sicher funktioniert das bei der wuchskräftigen
Engelstrompete, beim Oleander könnte ich mir vorstellen,
dass es auch geht. Wichtig ist aber, dass das Erdreich im
Pflanzloch gut durchlässig ist und der Oleander jedes Jahr
(im Frühjahr) ein wenig zurückgeschnitten wird, damit das
Verhältnis Wurzeln und Triebe passt.

**Jedes Jahr dasselbe Spiel: Der Orangenbaum blüht
im Wintergarten und verströmt seinen Duft. Doch
dann fallen alle Früchte ab. Was mache ich falsch?**

Die Blüten werden offenbar nicht befruchtet. Sie müssen
bei Sonnenschein um die Mittagszeit „Biene spielen".
Das heißt: mit einem Pinsel mehrere Tage hintereinander
von Blüte zu Blüte ziehen, denn nicht alle Blüten sind
sofort beim Aufblühen befruchtungsfähig.

**Kann ich die „Yucca-Palme" zurückschneiden? Wir
bringen sie nun endgültig nicht mehr ins Haus.**

Die Yucca ist – nur zur Klarstellung – keine Palme. Wäre
sie eine, könnte man sie nämlich nicht schneiden. So
aber lässt sich die Yucca kräftig zurückschneiden und
aus den abgeschnittenen Teilen wieder neue Pflanzen
gewinnen. Einfach einwässern oder in sandige Erde
stecken, und schon bekommt der „Steckling" Wurzeln.
Auch die Mutterpflanze treibt seitlich wieder aus.

**Meine Engelstrompete wächst und wächst, blüht
aber nicht. Ich schneide im Frühjahr. Andere Stöcke
in der Nachbarschaft sind übervoll mit duftenden
Blüten.**

Ein kräftiger Rückschnitt im Frühjahr kann die Ursache
für den späten oder mangelhaften Blütenansatz sein.
Die *Datura* hat nämlich zwei Wachstumsphasen in ihren
Trieben: zuerst ein Blattwachstum, und dann (wenn sie
sich verzweigt) folgt der Blütenansatz. Schneidet man
zurück, beginnt wieder das Blattwachstum.

© klioli/Shutterstock.com

An meiner (gekauften) Mandarine wächst nun plötzlich eine kleine Zitrone. Kann eine Pflanze mutieren?

Nein, das kann sie nicht. Aber nahezu alle Zitruspflanzen werden auf stark wachsende Unterlagen veredelt. Das ist sehr oft die bei uns winterharte Bitterorange oder im Süden die besonders robuste Zitrone. Aufpassen, dass die Edelsorte nicht abgestoßen wird. Daher die Zitrone immer schneiden und klein halten.

Bei unserer neu gekauften Zitrone steht am Etikett: Zierpflanze, nicht zum Verzehr geeignet. Gibt es etwa giftige Citrus?

Nein, das hat verschiedene Gründe: Zunächst einmal gibt es ein steuerliches Problem. Nahrungsmittel haben einen anderen Mehrwertsteuersatz als Zierpflanzen. Dann – und das ist der Hauptgrund – werden die Zitruspflanzen in großen Betrieben oft mit Pflanzenschutzmitteln behandelt. Daher rate ich immer, erst nach einem halben Jahr Früchte für den Konsum zu ernten.

Meine Phoenixpalme hat an den Wedeln braune Spitzen. Ich dünge und gieße regelmäßig und die Pflanze steht im Winter sehr kühl und hell in einem Dachbodenzimmer. Was könnte das sein?

Trotz der offenbar idealen Überwinterungsbedingungen hat die Pflanze Wurzelprobleme. Möglicherweise sind Spinnmilben am Werk. Sie treten dann auf, wenn die Luft zu trocken ist. Öfter übersprühen (mit Schachtelhalmextrakt), aber wenig gießen.

Wenn ich meine Kübelpflanzen umsetze, kann ich da für alle die gleiche Erde nehmen? Oder benötigen manche eine spezielle Mischung?

Im Prinzip gilt: eine Erde für alle. Ich nehme entweder die fertig abgemischte Erde, die ich zusätzlich mit Sand und Tongranulat durchlässiger mache. Außerdem mische ich organischen Dünger ein: Hornspäne oder Schafwollpellets. Wenn ich selbst mische, nehme ich 1 Teil gut abgelagerten Kompost, 1 Teil lehmige Gartenerde, 1 Teil groben Quarzsand und 1 Teil Tongranulat oder Lavagrus.

Wir sind so traurig: Unsere Hanfpalme – gut drei Meter hoch – hat im Winter alle Blätter verloren. Kann es sein, dass sie seitlich noch einmal austreibt?

Zunächst unbedingt bis lange in den Sommer abwarten. Die oberste (innere) Spitze der Palme beginnt manchmal sehr spät, wieder zu wachsen. Doch ist sie faulig, dann ist es leider mit dieser Palme vorbei. Sie treibt nur ganz oben aus.

©Christoph Bohler

GARTELN OHNE GARTEN

Grün übers Jahr

SO SIND BALKON & TERRASSE IMMER ATTRAKTIV

Gehölze sind die Kulisse für ein grünes Paradies. Selbst auf dem kleinsten Balkon lässt sich mit Bäumen und Sträuchern rasch eine gemütliche Atmosphäre zaubern. Mit immergrünen Pflanzen gelingt das besonders gut, denn dann ist der Balkon nicht nur vom Frühling bis zum Herbst attraktiv, sondern rund ums Jahr. Nicht alle Gehölze sind für diesen extremen Standort geeignet und sie benötigen auch ein wenig Pflege. Aber haben sie sich einmal eingewöhnt, sind sie treue Begleiter für viele Jahre.

IMMERGRÜNE GEHÖLZE MITTEN IN DER STADT

© Robert Mutch/Shutterstock.com

mit Eiben, Buchs und Heckenrosen als Kulisse für ein grünes Paradies zwischen den Häusern. Vor den angrenzenden Trögen sind auch einige Laubgehölze so platziert, dass kein Laub im Herbst in den Hof bzw. auf die anderen Balkone fällt. Weil die kleine Terrasse auch gemütliche Liegen und einen Sitzplatz bietet, darf der Genuss nicht zu kurz kommen: Kräuter, Beerenobst und ein Tischbeet mit Salat runden die grüne Oase ab.

Ich erinnere mich noch gut an den Besuch bei Freunden, die mitten in einer Stadt eine Wohnung in einem Altbau haben.

Ein kleines, nicht genutztes, aber sehr robustes Flachdach wurde dort für sie zum grünen Paradies. Weil kein Geländer vorhanden ist, stellten sie große Tröge als Begrenzung auf. Bepflanzt wurde das alles mit Gehölzen – die meisten waren immergrün, denn meine Freunde hatten den anderen Hausbewohnern versprochen, dass es keine „Laubprobleme" geben wird. Und nun stehen in einer bunten Mischung die unterschiedlichsten immergrünen Pflanzen.

Denn, und das betonten die Besitzer: Sie wollen keine Monokultur! Deshalb wachsen Kirschlorbeer, Rhododendren gemischt

© Efremoff Studio/Shutterstock.com

> **66** DER GARTEN MEINER FREUNDE AUF EINEM FLACHDACH WURDE ERST VERWIRKLICHT, ALS DER HAUSBESITZER UND DARAUFHIN EIN STATIKER SOWIE DIE BAUBEHÖRDE ‚GRÜNES LICHT' GABEN. BEI DAUERBEPFLANZUNGEN AUF DÄCHERN UND BALKONEN SOLLTE IMMER EINE BEGUTACHTUNG UND ERLAUBNIS EINGEHOLT WERDEN. **99**

GIESSEN KANN AUF BALKONEN ZUR MÜHE WERDEN

Einzige Mühe ist das Gießen, denn Wasser gibt es nicht immer direkt auf dem Balkon oder der Terrasse. Dann müssen die Pflanzen von der Küche aus mit Gießkannen versorgt werden. Im Winter kann das besonders mühsam sein. Bepflanzt man sein Refugium in luftiger Höhe dauerhaft, so steht die Versorgung mit Wasser an oberster Stelle, denn gerade, wenn es sich um immergrüne Pflanzen handelt, muss auch in der kalten Jahreszeit von Zeit zu Zeit gegossen werden.

© cocoparisienne/Pixabay.com

Wenn Hausverwaltung und Statik es erlauben, entstehen auf Dächern Gartenparadiese

STATIK PRÜFEN LASSEN

Bevor man generell zur Tat schreitet, heißt es, die Statik des Gebäudes zu prüfen. Einzelne Töpfe mit Pflanzen werden kein großes Gewicht haben, aber mit großen Trögen voller Erde kann es kritisch werden. Vor allem dann, wenn man vielleicht nicht dafür gedachte Flächen nutzen möchte. Bei der Planung heißt es auch, zu überlegen, wie man die Fläche begehen kann. Bei Terrassen und Balkonen ist das wohl kein Problem, anders aber bei einem Flachdach. Hier ist es sinnvoll, Holzroste zu platzieren, damit man ohne Schäden am Dach die Fläche betreten kann. Auch bei allem Enthusiasmus nie vergessen, dass extreme Regenfälle auftreten können und das Dachwasser immer ungehindert abfließen können muss. Am besten lässt man sich von Fachleuten beraten, denn die Schäden können sonst ziemlich kostspielig werden. Gehölze können mit zunehmender Größe eine erhebliche Windanfälligkeit aufweisen. Hier gilt es Vorkehrungen zu treffen, damit es zu keinen Schäden bei Sturm kommt. Stabile Verankerungen sowie schwere Gefäße sind gefragt. Das vor dem Hintergrund, dass alles nach oben transportiert werden muss. Im Fall des grünen Flachdachs von rund 50 m² berichteten mir die Freunde, dass sie alles in Eigenregie gebaut haben, es letztlich aber weit über ein halbes Jahr gedauert hat und mehrere Hundert Mal die Treppe in den vierten Stock überwunden werden musste.

Gartenirrtum

#gartenirrtum

Bäume wachsen nicht im Topf

Es ist ein großer Irrtum, wenn man meint, dass man Bäume – welche auch immer – nicht in Töpfen oder Trögen ziehen kann. Bestes Beispiel sind die jahrhundertealten Bonsais, die freilich nur mit viel Pflege und gärtnerischem Geschick in den Schalen wachsen. Genauso geht es den Gehölzen auf Balkon und Terrasse. Wichtig ist aber, dass man sie von Beginn an regelmäßig schneidet und so in Form hält. Nur dann sind nämlich die Triebe oberhalb der Erde zu den Wurzeln, denen nur ein begrenzter Raum zur Verfügung steht, in einem ausgewogenen Verhältnis. Dazu kommen ausreichend Dünger und Wasser – und schon steht einem vitalen Gehölz im Topf nichts im Weg.

Diese attraktiv gestaltete Dachterrasse bietet in luftiger Höhe alles, was ein Gärtnerherz begehrt

DIE ANGESAGTESTE HECKENPFLANZE: KIRSCHLORBEER *PRUNUS LAUROCERASUS*

© Iva Vagnerova/Shutterstock.com

Wohl kaum ein anderes Gehölz ist derzeit so gefragt wie der Kirschlorbeer – allerdings meist als Heckenpflanze. Da ersetzt er die Thuje. Kirschlorbeer lässt sich hervorragend schneiden und bleibt wüchsig, doch nur, wenn der Frost nicht zu heftig wird. Dann heißt es den Strauch schützen, denn Frost und Wintersonne lassen viele Blätter vertrocknen.

Nur im Frühling düngen

Die zu den Kirschgewächsen gehörende Pflanze mag einen humosen Boden, Staunässe verträgt sie überhaupt nicht. Daher niemals Untersetzer verwenden.
Die Versorgung mit organischem Dünger erfolgt im Frühling, Ende August sollte ein kaliumbetonten, Dünger (Patentkali) eingesetzt werden. Das macht die Pflanze frostfester. Sind nur einzelne Pflanzen zu schneiden, lieber zu einer kleinen Schere greifen, damit man die Blätter nicht halbiert – die braunen Ränder, die dabei entstehen, sind unschöne Verletzungen.

Tipp für die Gelassenheit

Kleinblättriger Kirschlorbeer ist robuster

Besonders robust, was die Frostfestigkeit betrifft, ist der kleinblättrige, auch Portugiesische Kirschlorbeer (*Prunus lusitanica* 'Angustifolia'). Er ist wesentlich robuster als der großblättrige, kommt aber genauso gut mit allen Bodenverhältnissen zurecht. Ist der Standort auf dem Balkon exponiert, sollte man die Pflanzen mit einem Winterschutzvlies vor zu viel Sonne bewahren. Krankheiten treten übrigens selten auf. Pflanzenstärkend ist Schachtelhalmextrakt, das verdünnt über die Blätter gesprüht wird und Schrotschusskrankheit (Löcher in den Blättern) verhindert.

#tippfürdiegelassenheit

DIE ANSPRUCHSLOSE BLASENSPIERE *PHYSOCARPUS OPULIFOLIUS*

Gerade in den letzten Jahren haben die Züchter bei diesem Gehölz viele neue Sorten auf den Markt gebracht. Ob mit gelben Blättern 'Nugget' (wächst kompakt und wird maximal 180 cm hoch), mit intensiv roten Blättern 'Summer Wine' (maximal 150 cm), 'Diabolo' mit schwarz-rotem Laub oder die neue Sorte 'Amber Jubilee', die ihre Blätter von Gelb über Orangerot und bis im herbstlichen Violett endend färbt – alle haben cremeweiße Blüten.

Genügsam und besonders frostfest

Wohl kein anderes Gehölz ist besser geeignet für den Topf, denn die Blasenspiere stellt keinerlei Ansprüche: Sonne, Halbschatten, ja sogar Schatten sagen ihr zu. Regelmäßiges Düngen und Gießen reichen aus. Geschnitten wird alle paar Jahre – aber richtig: Alte Äste bodeneben herausschneiden, nur dann bleibt das Gehölz vital.

© mizy/Shutterstock.com

PRACHTVOLLE MOORBEETPFLANZE: RHODODENDRON _RHODODENDRON_ SP.

Die Rhododendren haben ein Mal im Jahr ihren großen Auftritt: Im Frühling werden sie mit ihren prächtigen Blüten zum Blickpunkt. Aber auch das ganze Jahr über sind die immergrünen Gehölze eine Attraktion, denn das saftig grüne Laub bildet eine schöne Kulisse für andere Pflanzen.

Ihre Vorliebe ist klar: saure Erde

Wird ein Rhododendron gepflanzt, dann sollte man ausschließlich eine spezielle Moorbeeterde verwenden. Ich mische gern Tongranulat, Quarzsand (keinen

kalkhaltigen Sand) sowie einen organischen Rhododendrondünger dazu. Der Standort sollte niemals in der vollen Sonne sein. Halbschatten ist perfekt. Je weniger Sonne im Winter, umso besser. Notfalls mit Wintervlies schützen und immer wieder gießen.

© Wozzie/Shutterstock.com

ROBUSTE, APARTE RISPEN-HORTENSIE _HYDRANGEA PANICULATA_

Hortensien sind in den letzten Jahren zu den großen Stars im Garten geworden. Beinahe rund ums Jahr werden sie als Topfpflanzen angeboten. Viele der „Bauern-Hortensien" sind aber für Balkon und Terrasse nicht empfehlenswert, denn sie blühen nur auf den Vorjahrestrieben. Frieren die Pflanzen zurück (was an so exponierten Standorten häufig der Fall ist), gibt es keine Blüten. Daher sollte man zu jenen Hortensien greifen, die garantiert blühen – mein Favorit ist die Rispen-Hortensie.

So wie alle Hortensien lieben auch Rispen-Hortensien einen sauren

© Helen Pitt/Shutterstock.com

Boden – also Rhododendronerde vermischt mit Quarzsand.

Die Blütenfarben wechseln

Bei den Sorten ist 'Pinky Winky' ideal für den Balkon, die Blüten färben sich bis zum Herbst langsam von Cremeweiß auf Rötlich. 'Limelight' blüht limonengrün, wird später ebenfalls cremeweiß und zuletzt verblüht sie rötlich. Riesig sind die Blüten von 'Unique' – mit 25 cm langen Blütenkerzen sind sie besonders attraktiv. Rispen-Hortensien schneidet man jedes Jahr im Frühling kräftig zurück und im Sommer bilden sich dann die entzückenden Blüten.

© Kelca/Shutterstock.com

KOMPROMISS IM TOPF: DIE ROSE *ROSA* SP.

Welche Rose man auch wählt, im Topf werden alle Rosen eine Extrapflege benötigen, denn eines muss klar sein: Rosen bilden eigentlich eine Pfahlwurzel, und das ist im Topf nicht möglich. Daher sollte man Kompromisse eingehen. Zunächst einmal möglichst tiefe Töpfe verwenden (80 cm und mehr) und alle paar Jahre umsetzen, die Wurzeln einkürzen und damit zum Neuaustrieb anregen.

Keine Torferde verwenden

Rosenerde, wie man sie kaufen kann, ist leider nur bedingt geeignet, denn sie enthält meist sehr viel Torf. Nimmt man diese Erde, dann unbedingt mit Gartenerde (Maulwurfserde) oder, wenn beides nicht vorhanden, mit Bentonit (Zusammensetzung aus Tonmineralien) mischen. Das verbessert die Erde. Wichtig ist die kräftige Düngung – wesentlich mehr als im Garten, aber unbedingt organisch, kommt es zu keiner Übersalzung. Wenn ich hier eine Sorte empfehle, dann die Beetrose 'Nostalgie' (rot-weiß) oder die Strauchrosen 'Westerland' (orange) und 'Gertrud Jekyll' (rosa) – neben Hunderten anderen ...

© Tamara TS/Shutterstock.com

DUNKELGRÜNES NADELGEHÖLZ: DIE EIBE

TAXUS BACCATA

Die Eibe gilt als das beste immergrüne Heckengehölz unter den Koniferen und gedeiht sehr gut auch in Trögen. Zwei Dinge mögen Eiben allerdings nicht: Staunässe und Trockenheit im Winter. Infrage kommen die heimischen Eiben (*Taxus baccata*), die kräftig in die Breite wachsen, sowie die Sorte 'Hillii', die schlank aufrecht wächst und keine Früchte bekommt. Das ist ein großer Vorteil, weil die Samen, die sich bei allen Eiben im roten Fruchtfleisch verstecken, hochgiftig sind. Der Nachteil dieser Sorte: Sie wird mit den Jahren trotzdem immer breiter, weil sie straff aufrechte Triebe besitzt, die schwer zu schneiden sind.

Im August mit Kali düngen

Damit die Eiben gut über den Winter kommen, sollte das Pflanzgefäß nicht zu klein sein. Darauf achten, dass ein Gießrand besteht, damit das Wasser nicht sofort abläuft. Im August mit Patentkali düngen, damit die Triebe frostfester werden.

Weise Erkenntnis

Eibe gedeiht im Topf prächtig

Besser als viele andere Koniferen eignet sich die Eibe als Gehölz im Topf. Vor allem deshalb, weil sie sich so gut schneiden lässt. Im Gegensatz zu vielen anderen Nadelgehölzen treibt die Pflanze auch problemlos aus dem alten Holz aus, wenn man sie einmal stark zurückschneidet. Schon nach wenigen Monaten sprießen direkt aus dem Stamm die neuen Triebe.

#weiseerkenntnis

IN TÖPFEN WENIGER BEFALL: BUCHS *BUXUS SEMPERVIRENS*

Viele werden sagen: „Dass der Buchs hier noch erwähnt wird – er stirbt doch überall!" In den Gärten ist das absolut zutreffend, doch von vielen Freunden weiß ich, dass der Buchs in der Stadt, wenn er abgeschieden auf der Terrasse steht, weder vom Buchsbaumzünsler (eine Raupe) noch vom Pilz befallen wird. Beim Kauf sollte man allerdings unbedingt auf eine gesunde Pflanze achten und notfalls sofort mit biologischen Mitteln sprühen.

Extrem robust und schnittverträglich

Den Buchs gibt es in vielen Sorten, wobei die Sorte 'Blauer Heinz' besonders robust ist. Verliert die Pflanze Blätter, dann sofort mit Algenkalk stäuben und mit Schachtelhalmextrakt sowie Effektiven Mikroorganismen sprühen. Nur bei trockenem Wetter schneiden und wenn es sehr sonnig ist, danach mit Tüchern schützen, damit es zu keinem Sonnenbrand kommt.

© Zuzha/Shutterstock.com

GANZJAHRESDEKORATION: DIE STECHPALME *ILEX AQUIFOLIUM*

Ilex crenata 'Robustico'

© Baumschule-Steiner.at   © nnattalli/Shutterstock.com

Das immergrüne Gehölz ist für den Garten wahrscheinlich erst in den letzten Jahren so richtig ins Bewusstsein gekommen, als man nach einem Ersatz für den Buchs suchte. Attraktiv als Ersatz ist *Ilex crenata* 'Robustico'. Seine kleinen Blätter sehen dem Buchs zum Verwechseln ähnlich. Davor war die Stechpalme eher als Schnittpflanze rund um die Weihnachtszeit begehrt – das tiefgrüne Laub mit den roten Beeren wird traditionell als Weihnachtsdekoration verwendet. Auf dem Balkon ist sie aber das ganze Jahr interessant, wenn auch die stechenden Blätter manchmal lästig sein können.

Männchen und Weibchen sorgen für Früchte

Stechpalmen werden nur paarweise gesetzt! Nur wenn eine männliche und eine weibliche Pflanze zusammenkommen, gibt es die roten Beeren. Gepflegt wird die Stechpalme einfach: In Moorbeeterde pflanzen und jährlich düngen. Ist es sehr kalt, dann unbedingt für einige Tage geschützt in eine Garage bringen. Sonst reicht das Einpacken mit Vlies. Gut feucht halten – auch im Winter!

© rzoze19/Shutterstock.com

© Repelsteeltje/Shutterstock.com

GRÜNE WÄNDE: GARTELN IN DER DRITTEN DIMENSION

In Städten ist manches Mangelware – der Platz ist das eine, das Grün das andere. Um dennoch das Klima zu verbessern, muss man daher oft in die dritte Dimension ausweichen. Die Begrünung von Wänden zählt hier zu einer vorrangigen Möglichkeit, das Kleinklima zu verbessern. Das grüne Polster schafft aber nicht nur eine angenehme Umgebung, sondern wirkt sich auch positiv auf das Klima im Inneren des Gebäudes aus. Durch die grüne Verkleidung kann im Sommer eine zu starke Aufheizung verhindert werden und im Winter wirkt der grüne Mantel wie ein Wärmepolster.

SICHTSCHUTZ MIT KLETTERHILFE

Manche Pflanzen benötigen eine Kletterhilfe. Diese sollte so stark dimensioniert werden, dass sie auch noch nach einigen Jahren ein stabiles Gerüst darstellt. Beim Blauregen zum Beispiel muss die Konstruktion extrem robust sein, weil dessen Triebe sogar Dachrinnen zerdrücken oder Balkongeländer verbiegen können. Alternative Wandbegrünungen können als Spalier gezogene Gehölze sein. Obstbäume (z. B. Marille, Birne, Kirsche etc.) oder auch Ziergehölze (Feuerdorn, Spindelstrauch etc.) bieten eine attraktive Möglichkeit, Wände zu begrünen. Selbst in größeren Gefäßen lassen sich solche Gehölze ziehen und können so auch auf Terrassen kahle Wände begrünen.

© Peter Turner Photography/Shutterstock.com

KEINE ANGST VOR HAFTWURZLERN

Viele Hausbesitzer sind in Sorge, wenn sie Kletterpflanzen setzen, dass der Verputz nach kurzer Zeit kaputtgeht. Diese Befürchtungen sind völlig unbegründet. Eine intakte Fassade wird durch Kletterpflanzen (egal welche) nicht geschädigt. Allerdings wird eine Fassade, deren Verputz bereits brüchig ist, durch eine Kletterpflanze rasch zerstört. Vor allem der Efeu und die Kletterhortensien nutzen Risse, um dort Wurzeln zu bilden. Auch im Bereich von Dächern heißt es achtgeben, denn so manche Pflanze hebt die Dachziegel und macht das Dach so undicht. Grundsätzlich gilt aber, dass Efeu, Kletterhortensien und auch der Wilde Wein sich mit ihren Haftwurzeln an der Wand festkleben und nicht die Mauer durchfeuchten, sondern trocken halten, weil ja der Regen vom Laub abgehalten wird.

KLETTERPFLANZEN ZUR WANDBEGRÜNUNG

Mehrjährige, beständige und winterharte Kletterpflanzen

Blauregen oder Glyzinie (*Wisteria*)

Schlingpflanze mit wunderschönen Blüten. Sie benötigt einen sonnigen Standort. Nur veredelte Sorten wählen, die blühen rascher.

© Shelli Jensen/Shutterstock.com

Wilder Wein (*Parthenocissus quinquefolia*)

Der Wilde Wein gilt als eine der beliebtesten Kletterpflanzen. Er ist recht anspruchslos und wächst rasch und kräftig. Empfehlenswert ist die Sorte 'Veitchii' vom verwandten **Parthenocissus tricuspidata**, die ohne jede Kletterhilfe auskommt.

© ANGHI/Shutterstock.com

Kletterhortensie (*Hydrangea petiolaris*)

Die Kletterhortensie wächst im Halbschatten und liebt einen durchlässigen, humusreichen Boden. Wie der Efeu wächst sie zunächst langsam, später aber rascher. Besonders hübsch sind die großen, duftenden, tellerförmigen Blüten.

© bevz tetiana/Shutterstock.com

Waldrebe (*Clematis* sp.)

Die Waldrebe gibt es in unzähligen Sorten. Sie wünscht einen sonnigen Platz, der Wurzelbereich sollte aber eher schattig sein. Abdecken mit Mulch!

© AngelinaLubin/Shutterstock.com

Efeu (*Hedera helix*)

Der Efeu ist eine der anspruchslosesten Pflanzen. Er gedeiht in der Sonne genauso wie im Schatten. In den ersten Jahren klettert er mit seinen Haftwurzeln sehr langsam, nach einigen Jahren aber kräftig. Efeu bleibt den Winter über grün und bietet vielen Vögeln eine Nistmöglichkeit.

© anela.k/Shutterstock.com

Einjährige Kletterpflanzen für die rasche Begrünung

Duftwicke (*Lathyrus odoratus*)

Ein warmer, sonniger Standort und ein Maschendraht als Klettergerüst genügen. Die Duftwicke wird das Gerüst erklimmen und ihre duftenden Blüten öffnen. Am besten vorkultivieren!

© Flower_Garden/Shutterstock.com

Feuerbohne (*Phaseolus coccineus*)

Ein schneller Kletterer, der durch seine roten Blüten sehr dekorativ wirkt. Blütezeit ist bis in den September. Aussaat nach den Eisheiligen. Spanndrähte genügen als Kletterhilfe.

© SHARKY PHOTOGRAPHY/Shutterstock.com

Kapuzinerkresse (*Tropaeolum* sp.)

Eine besonders leicht zu ziehende Kletterpflanze, die allerdings aufgebunden werden muss. Sehr blühfreudig, und weil die Blüten essbar sind, ein schöner Aufputz für Salate.

© Nancymirabelle/Shutterstock.com

Schwarzäugige Susanne (*Thunbergia alata*)

Eine Vorkultur auf der Fensterbank ist empfehlenswert. Der Standort sollte sehr warm und geschützt sein, dann hält die Blüte bis zum Oktober an. Und immer gut düngen!

© Luis Echeverri Urrea/Shutterstock.com

GARTENFRAGEN
ZUR DAUERBEPFLANZUNG

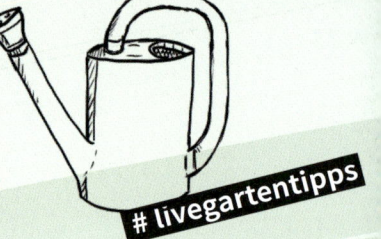

livegartentipps

Wie stark kann man Rosen, die im Topf stehen, schneiden, und muss ich beim Umtopfen auch die Wurzeln kürzen?

Je stärker der Rückschnitt ist, desto stärker wächst die Rose. Das gilt für alle Beetrosen. Bei Strauchrosen etwas vorsichtiger schneiden, weil sonst die Blütenfülle geringer wird. Pflanzt man um (etwa alle drei bis fünf Jahre), dann die Wurzeln kräftig einkürzen. Gleichzeitig aber immer auch die oberirdischen Teile zurückschneiden.

Meine Töpfe sind schon so stark durchwurzelt, dass ich nicht einmal mehr mit einem kräftigen Werkzeug die Erde aufreißen kann. Muss ich die Pflanzen nun wegwerfen?

Generell kann man das nicht sagen, aber bei fast allen Gehölzen lässt sich ein Verjüngungsschnitt durchführen. Das erfolgt oberirdisch mit der Schere und mit einer Bogensäge beim Wurzelballen. Sägen Sie rundherum etwa 5 cm vom Wurzelstock weg und pflanzen Sie neu.

Welcher Dünger ist für die Terrassenkübel am besten?

Ich empfehle einen Bodenaktivator und organischen Volldünger. Sie können jeden organischen Dünger dazu verwenden. Bemerkt man ein schwaches Wachstum und ein fahles Blattgrün, dann unbedingt bis maximal Mitte August auch noch flüssig düngen.

Vor Jahren ist in einem der Pflanztröge eine Birke zufällig aufgegangen. Mittlerweile ist sie gut drei Meter hoch und ich befürchte, dass ein Windstoß sie samt Pflanztrog umwirft. Was kann man tun, um sie zu retten?

Bei allen Gehölzen gilt: Will man sie klein und kompakt halten, muss man von Beginn an schneiden. Immer so, dass man keine „Amputation" hinterlässt, sondern dass gleich dort, wo der Schnitt angesetzt wird, sich ein Seitenast befindet. Ihre Birke würde ich dennoch kräftig zurückschneiden. Am besten im Spätwinter, denn Birken „bluten" extrem stark.

© WildStrawberry/Shutterstock.com

Kann ich einen Rhododendron in einen sehr großen, aber relativ flachen Behälter setzen? Er war ursprünglich ein Planschbecken für die Kinder, den ich nun auf der großen Terrasse als Pflanzbeet verwenden will. Abzugslöcher habe ich schon geschnitten.

Mit dem Rhododendron haben Sie genau die richtige Pflanze gewählt, denn dieser bildet einen flachen Wurzelstock. Aufpassen, dass der Standort nicht zu sonnig ist. Kombinieren Sie eventuell mit der Felsenbirne und Azalee.

Eine fast 30 Jahre alte Latsche steht in einem großen Betongefäß auf dem Balkon. Immer mehr braune Nadeln fallen ab. Ist sie noch zu retten?

Hier fehlt es sicherlich an Nährstoffen und eventuell gibt es auch Probleme durch Übersalzung. Entfernen Sie so viel Erde wie nur möglich und streuen Sie einen Bodenaktivator ein, düngen Sie organisch und füllen Sie mit frischer, torffreier Kompostpackungserde auf. Das sollte die Erde beleben.

Bei allen unseren Terrassentöpfen gibt es mit Sicherheit Abzugslöcher, doch mir kommt vor, dass nach einem starken Niederschlag Wasser in den Töpfen stehen bleibt und erst nach einigen Tagen abläuft. Kann die Erde „zu Beton" werden? In den Töpfen stehen Rosen und eine Konifere.

Ich vermute, hier ist etwas passiert, was bei älteren Bepflanzungen häufig vorkommt: Die Pflanze hat Wurzeln durch das Abzugsloch geleitet. Diese nahmen immer mehr an Dicke zu und schließlich haben sie es komplett verschlossen. Entweder umsetzen oder zumindest im unteren Bereich des Topfes seitlich große Löcher bohren, sonst gehen die Pflanzen an Staunässe zugrunde.

Ist es sinnvoll, dass ich die Tröge innen mit Styropor auskleide, damit die Wurzeln nicht erfrieren?

Die Maßnahme bietet ein wenig Schutz, allerdings wird bei extrem niedrigen Temperaturen dennoch der Topf komplett durchfrieren, weil sich nirgendwo eine Wärmequelle im Inneren des Wurzelballens befindet. Vorteile hat die Auskleidung aber trotzdem – Styropor gibt bei Frost nach und so wird der Topf nicht gesprengt.

Bei vielen Gemüsepflanzen hört man von guten und schlechten Nachbarn. Gibt es diese auch bei Bäumen und Sträuchern? Oder kann man hier zusammenpflanzen, was einem gefällt?

Natürlich gibt es auch hier Pflanzen, die zusammenpassen, und solche, die sich nicht so vertragen. Vor allem geht es dabei aber um die Bodenansprüche, die Gehölze benötigen. Also Moorbeetpflanzen, wie Rhododendren (lieben saure Erde), werden mit Rosen (lieben Lehm und Kalk) keine gute Partnerschaft bilden.

©Christoph Böhler

Zimmer
voller Blüten

DAMIT DAS ZUHAUSE BUNTER WIRD

Eine üppig blühende Azalee, die mächtigen Blütentrompeten einer Amaryllis, die leuchtenden Blüten der Begonie oder das tropische Feeling einer Bromelie – sie alle und noch viele mehr sind die Farbtupfer im Zimmergarten. Manche verhalten sich ein wenig anspruchsvoller, andere wieder ganz unkompliziert. Licht, Wasser und ein wenig Liebe genügen, und schon werden die vier Wände zu einem kleinen blühenden Garten – mit dem genialen Nebeneffekt, dass die Luft im Zimmer sauberer wird und man sich so richtig wohlfühlt.

© nnattalli (oben) und svf74/Shutterstock.com

© Gulsina/Shutterstock.com

BLÜHENDE ZIMMERPFLANZEN

Zimmerpflanzen galten lange Zeit als spießig und als typische Dekoration von Wohnungen älterer Semester. Das hat sich völlig gewandelt. Heute sind die Blüten- und Blattpflanzen (siehe auch nächstes Kapitel) ein ganz wesentlicher Teil der Raumgestaltung geworden. Bei der Auswahl ist die Palette an Pflanzen enorm. Und doch sind einige extrem robust und damit Fixstarter. Beachten sollte man aber immer die Bedürfnisse der Pflanzen. So gibt es einige, die beson-ders gut mit den hohen Zimmertemperaturen auskommen, wie die Flamingoblume (*Anthurium*) oder die Schmetterlingsorchidee, besser bekannt als *Phalaeonopsis*-Orchidee. Eine jener Pflanzen, die lange Zeit als Uromapflanze galt, ist das Usambaraveilchen. Auch das findet man neben vielen anderen Blühpflanzen nun wieder. Im Gegensatz zu den Grünpflanzen benötigen die blühenden Zimmergewächse meistens ein wenig mehr Zuwendung. Sie haben oft einen Blührhythmus und erreichen erst dann wieder ihre volle Pracht, wenn man ihnen eine Ruhezeit gegönnt hat. Das ist zum Beispiel bei den Orchideen der Fall. Orchideen starten im Herbst voll durch, weil nach den heißen Sommermonaten die kühle Herbstphase den Blühreiz auslöst.

> ❝ ZIMMERPFLANZEN BEGLEITEN MICH SEIT EWIGEN ZEITEN. BEGONNEN HAT ALLES MIT DEN ALPENVEILCHEN. ALS GANZ JUNGER PFLANZENENTHUSIAST WAR ICH VON DER ÜBERWÄLTIGENDEN PRACHT DER ZIMMER-ZYKLAMEN IN EINEM GROSSEN GEWÄCHSHAUS EINES GÄRTNERS BEGEISTERT. DIESER ANBLICK FÜHRTE DAZU, DASS MICH DIE PFLANZEN NICHT MEHR LOSGELASSEN HABEN. OB IM ELTERNHAUS AUF DER KLEINEN FENSTERBANK MEINES ZIMMERS, IN DER STUDENTENBUDE ODER DER ERSTEN WOHNUNG, WO WENIG PLATZ WAR, BIS HIN ZU UNSEREM JETZIGEN HAUS, IN DEM DIE VERANDA ÜBER UND ÜBER MIT PFLANZEN VOLL IST. ABER AUCH IN ALLEN ANDEREN RÄUMEN WÄCHST UND BLÜHT ALLERLEI GRÜNZEUG. ❞

HITZE VON HEIZKÖRPERN MEIDEN

Ein Heizkörper direkt unter dem Fenster kann zum akuten Gegner werden – die trockene Luft und die Hitze bringen so manche Pflanze im Nu um. Große Untersetzer, gefüllt mit Tongranulat und ständig feucht gehalten, sind dann nicht nur die Rettung, sondern für die Pflanzen ein Platz zum Wühlfühlen. Diese Schalen befeuchten auch die Zimmerluft. Hier heißt es, ein wenig Fingerspitzengefühl zu entwickeln und die Pflanze genauer zu beobachten. Aber das macht ja die Freude an den blühenden Zimmergenossen aus, wenn man mit der Zeit ihre Vorlieben kennenlernt und dann noch mehr am Wachsen und Blühen teilhaben kann.

© toriru/Shutterstock.com

Gartenirrtum

Weihnachtsstern blüht nur einmal

Eine Pflanze, die für viele ein Muss beim Weihnachtsfest ist und für andere eine, die sie nicht (mehr) mögen, ist der Weihnachtsstern (*Euphorbia pulcherrima*). Ob man ihn nun mag oder nicht, bei ihm tritt ein Phänomen auf, das bei einigen anderen Pflanzen auch zu finden ist: Er blüht nur dann, wenn der Tag kürzer als die Nacht ist. Selbst die Zimmerbeleuchtung irritiert ihn so, dass er zwar wächst und wächst, aber eben keine Blüten ansetzt. Stellt man ihn ab Mai ins Freie, so wird er dort gewaltig wachsen, kommt er nach der Saison in einen Raum, wo am Abend kein Licht brennt (bzw. keine Straßenlaterne beim Fenster hereinscheint), wird er ab Mitte November „induzieren", wie die Gärtner sagen – also Blüten ansetzen. Ist das passiert, kann er wieder ins beleuchtete Wohnzimmer und blüht – nicht bloß einmal als typische Wegwerfpflanze, sondern viele Jahre.

 # gartenirrtum

GUTE PFLEGE – VIELE BLÜTEN

Bei der Pflege sind die Blütenpflanzen kaum anders zu behandeln als andere Zimmerpflanzen. Sie benötigen regelmäßig Wasser, dürfen aber niemals längere Zeit in einem Wasserbad stehen. Beim Düngen kann man den Blühern etwas Gutes tun, wenn man ihnen alle zwei, drei Wochen einen speziellen Blütendünger verabreicht. Dadurch wird die Bildung neuer Blüten angeregt. Grundsätzlich gilt, dass blühende Pflanzen immer ein wenig mehr Licht benötigen als andere. Daher hat sich hier ein Platz am Fenster bewährt. Allerdings mit Vorsicht und abhängig von der Jahreszeit! Im Sommer kann dieser Platz für die Pflanze tödlich sein, in den dunklen Wintermonaten dagegen eine Oase des Wachstums.

EIN STÜCK URWALD: BROMELIE

ANANAS COMOSUS, GUZMANIA LINGULATA, AECHMEA FASCIATA

Ananas comosus 'Variegata'

© Svyatoslav Balan/Shutterstock.com

Viele bezeichnen Bromelien, die oft auf Bäumen wachsen, einfach als Ananasgewächse. Doch das ist viel zu geringschätzig in der Beachtung, denn es gibt so viele unterschiedliche Bromelien. Alle haben eines gemeinsam: Ist die Blüte verblüht, stirbt der Trieb, aus dem sie wuchs, ab. Sogenannte Kindel, also Ableger, wachsen aber dann schon seitlich und sorgen für Nachwuchs.

Blühimpuls durch Ethylen
Das Schöne an Bromelien ist, dass sie auch lange nach dem tatsächlichen Blühen noch äußerst dekorativ sind – selbst mit ihren vertrockneten Blütenständen. Bis die Kindel blühen, dauert es zwei bis drei Jahre. Sind die Pflanzen dann schon groß und wollen trotzdem nicht blühen, gibt es einen Trick. Die ganze Pflanze für zwei Wochen in einen großen durchsichtigen Plastiksack packen und zwei, drei Äpfel dazulegen. Das Reifegas Ethylen löst dann den Blühimpuls aus. Das Wichtigste ist aber: Im Blatttrichter muss immer Wasser stehen. Auch Übersprühen

Aechmea fasciata

© PeterVrabel/Shutterstock.com

mag die Bromelie, denn sie lebte ja meist auf Bäumen und von Regenschauern.

DER ROBUSTE FLAMINGO: DIE ANTHURIE

ANTHURIUM SCHERZERIANUM, ANTHURIUM

Anthurium scherzerianum

© Arijeet Bannerjee/Shutterstock.com

Ist es das saftig grüne Laub, die kräftig gefärbten roten, violetten, rosa oder weißen Blüten oder ist es die Robustheit, die diese Pflanze so beliebt machen? Wahrscheinlich von allem ein wenig. Lange Zeit gab es Anthurien oder Flamingoblumen, wie sie auch genannt werden, nur mit roten Hochblättern, doch durch intensive Züchtungen kamen viele Farbvariationen zustande.

Verträgt fast alles und blüht endlos
Die Flamingoblume steht gern bei einer Temperatur, wie wir sie auch in unseren Wohnungen schätzen. Volle Sonne mag sie nicht so gern, ansonsten nimmt sie alles, wie es kommt. Wasser braucht sie regelmäßig, verträgt es aber auch, wenn man sie einmal vergisst. Gedüngt wird wöchentlich, und wenn die Anthurie aufgehört hat zu blühen, für einige Wochen ins kühle Schlafzimmer stellen, dann treibt sie neuerlich Blüten.

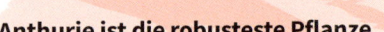

Tipp für die Gelassenheit

Anthurie ist die robusteste Pflanze

Ob sie wirklich die robusteste Pflanze ist, wage ich nicht zu sagen, aber sie ist – wie man heute meint: pflegeelastisch. So sah ich bei Freunden ein Exemplar, das eher eine Sumpfpflanze war, und anderswo eines, das schon lange nicht gegossen wurde. Beide wuchsen und beide blühten. Trotzdem diese beiden Beispiele bitte nicht als Vorbild nehmen und lieber regelmäßig einmal pro Woche gießen und düngen.

#tippfürdiegelassenheit

GARANTIERTE BLÜTEN: AMARYLLIS

HIPPEASTRUM VITTATUM

Für mich ist diese Zwiebelblume die Einsteigerpflanze, denn auch dann, wenn man keinen grünen Daumen hat, blüht sie sicher. Die dicken Zwiebeln, die man meist im Herbst zu kaufen bekommt, bringen alles mit, was die Pflanzen benötigen. Auch die Blüte schlummert bereits darin.

© Vahan Abrahamyan/Shutterstock.com

Schwerer Topf und warmer Platz

Ein nicht zu kleiner Tontopf, der dafür sorgt, dass die große schwere Blüte später nicht mitsamt dem Pflanzgefäß umfällt, wird zu einem Drittel mit humoser Pflanzerde gefüllt. Die Zwiebel wird so platziert, dass sie etwa ein Drittel herausschaut. Den Topf mit Erde befüllen, gut festdrücken, angießen und gleich in die Wärme stellen. Zuerst wenig gießen; erscheinen dann die Blütenknospen, gleichmäßig feucht halten. Etwa sechs Wochen nach dem Pflanzen öffnen sich die Blüten. Wer sie weiterkultivieren will, gießt und düngt bis August. Dann folgt eine Hungerpause und ab Dezember wird wieder gegossen. Nur alle zwei, drei Jahre umpflanzen.

© LCRP/Shutterstock.com

SIE HAT DEN DREH RAUS: DREHFRUCHT *STREPTOCARPUS*-HYBRIDEN

Sie ist eine Verwandte des Usambaraveilchens – auch was die Ansprüche betrifft. Die Drehfrucht gehört für mich vom Frühsommer bis zum Spätherbst zu einer der schönsten Blütenpflanzen. Was die Drehfrucht gar nicht mag, ist Staunässe (nie zu große Töpfe wählen!), pralle Sonne und ein Zuviel an Dünger.

Keine großen Töpfe, keine volle Sonne

Stellt man die Drehfrucht an ein helles Fenster, am besten in einen großen Untersetzer, der mit Tongranulat gefüllt ist, wird man wochenlang von der Blütenpracht beglückt werden. Abgeblühtes mit einer scharfen Schere herausschneiden.

DAS VEILCHEN AUS DEN TROPEN: USAMBARAVEILCHEN

SAINTPAULIA IONANTHA

Meist erhält man Usambaraveilchen mit violettblauen Blüten, die über dem samtigen Laub leuchten. Doch die Vielfalt ist bei diesen tropischen Pflanzen viel größer: Rosa, weiße und alle Variationen davon findet man heute – wieder! Wieder deshalb, weil die „Oma-Blume" lange beinahe verschwunden war.

Keine Sonne, keine nassen Blätter

Steht das Usambaraveilchen an einem Platz in der wohlig warmen Wohnung, wo niemals direkte Sonne hingelangt, sind schon die wesentlichen Anforderungen erfüllt. Gießt man mit abgestandenem Wasser und macht dabei die Blätter nicht nass, wird es ein ganzes Jahr Blüten geben. Sanft mit halber Dosis wöchentlich düngen.

© Alexey Kartsev/Shutterstock.com

DIE KÜHLE BLÜTENSCHÖNHEIT: ALPENVEILCHEN *CYCLAMEN PERSICUM*

Das Alpenveilchen gehört zu jenen nostalgischen Pflanzen, die wieder beliebt sind, denn neue Sorten machen es wieder interessant – sogar

© COULANGES/Shutterstock.com

für den geschützten Balkon. Eine Pflanze für drinnen und draußen!

Nur wo es kühl ist, halten die Blüten
Zyklamen sind Pflanzen, denen die warme Zimmertemperatur gar nicht zusagt. Früher standen sie in ungeheizten Veranden oder in den wenig temperierten Nebenräumen. Immer von unten gießen (also in den Untersetzer). Wöchentlich düngen!

© joloei/Shutterstock.com

EINE PERFEKTE ENERGIE-SPARPFLANZE: AZALEE *RHODODENDRON SIMSII*

Diese traditionelle Herbst- und Winterpflanze kann mit den Ansprüchen des Alpenveilchens mithalten. Auch Azaleen sind typische Pflanzen für kühle Plätze. Sie mögen es sogar noch frischer als die Zyklamen. Erst bei unter 0 °C frieren ihre Blüten ab, aber alle Temperaturen zwischen 0 und 10 °C lassen die Pflanze monatelang blühen. Daher eignet sie sich gut für einen geschützten, verbauten, aber ungeheizten Balkon oder eine Loggia. Ebenso fühlt sie sich im ungeheizten Wintergarten wohl.

Kein Kalk und niemals austrocknen
So tolerant andere Pflanzen sind, wenn sie einmal austrocknen, die Azaleen nehmen es uns sehr übel. Meist fallen dann in ein paar Tagen die grünen Blätter ab. Daher die Pflanze am besten wöchentlich einmal in einen Topf mit Regenwasser tauchen, dann werden sie lange blühen. Im Sommer im Halbschatten draußen weitergießen, düngen und spät ins Haus holen.

© Totokzww/Shutterstock.com

LANGZEIT-BLÜHER: BEGONIE

BEGONIA × HIEMALIS

Die sogenannte Elatior-Begonie (unter diesem Namen bekommt man beim Gärtner die „richtige" Begonie) ist eine Pflanze, die sich in geheizten Wohnungen sehr wohlfühlt. Auch wenn man sie nicht über Jahre kultivieren kann, sollte sie als Farbtupfer im Zimmer nicht fehlen: kräftiges Rot, strahlendes Gelb oder entzückendes Rosa.

Gut feucht halten und düngen
Wer die Begonie niemals austrocknen lässt und wöchentlich düngt – abwechselnd mit einem Blatt- und einem Blütendünger, wird für drei, vier Monate die Blüten dieser Pflanze genießen können.

DAS GESCHENK DES URWALDS: SCHMETTERLINGSORCHIDEE *PHALAENOPSIS* SP.

Die Schmetterlingsorchidee ist unter den Orchideen der absolute Star. Einst ein teurer und exklusiver Exot, ist sie heute Massenware. Den Reiz, ein Stück Urwald ins Zimmer zu holen, hat sie aber dennoch nicht verloren. Bei den *Phalaenopsis*-Orchideen gibt es mittlerweile Hunderte Sorten – von ganz klein und beinahe wild aussehend bis hin zu riesigen Blüten.

Wenig Licht und viel Wärme

Damit diese Orchidee gut wächst, benötigt sie viel Wärme – daher ist sie auch so geeignet für unsere Wohnungen. Licht sollte sie abbekommen, aber niemals pralle Sonne. Da würden die Blätter schnell verbrennen. LED-Leuchten reichen, um die optimalen Wachstumsbedingungen zu schaffen.

Hat sie nach monatelanger Blüte aufgehört zu blühen, dann heißt es für sechs Wochen auf Ruhezeit ins Schlafzimmer oder wo es um 5 bis 8 °C kühler ist. Nun wird weniger gegossen und die Pflanze spornt sich wieder zur neuen Blütenbildung an.

Weise Erkenntnis

Orchideen benötigen mehr Wasser

Lange Zeit hieß es immer, die *Phalaenopsis*-Orchidee stehe gern trockener – das ist aber nicht richtig. Als Tropenbewohnerin benötigt sie viel Wasser, aber niemals Staunässe. Dann wird sie kräftig wachsen und viele Blüten treiben.

#weiseerkenntnis

© Ploberger

105

Phalaenopsis **sind genügsame Orchideen**

GARTENFRAGEN ZU
BLÜHENDEN ZIMMERPFLANZEN

 # livegartentipps

Wenn eine Pflanze welke Blätter hat, denke ich, dass sie Durst hat. Aber ich gieße für meine Begriffe sehr ausgiebig. Was kann die Ursache sein?

Welke Blätter sind nicht nur ein Zeichen von Durst, sondern auch ein Zeichen von Wurzelfäulnis – dann, wenn zu viel gegossen wurde oder ein Schädling die Wurzeln angeknabbert hat. Topfen Sie die Pflanze sofort um, entfernen Sie alle faulen Teile und gießen Sie weniger!

Auf der Erde in den Töpfen bildet sich immer so ein weißer Belag. Sieht aus wie Schimmel, ist aber, so glaube ich, keiner?

Das sind Ausblühungen von Kalk, die man auch sehr häufig an den Außenseiten der Tontöpfe findet. In diesem Fall weniger gießen und immer zwischendurch die Erde abtrocknen lassen. Bei länger anhaltenden Problemen die oberste Schicht Erde abkratzen und austauschen.

Bei meinen Töpfen fliegen immer Hunderte kleine schwarze Mücken herum. „Kaufe" ich diese mit der Erde mit?

Diese sogenannten Trauermücken tauchen auf, wenn die Erde zu nass ist – an der Oberfläche. Nur dann können die Mücken die Eier ablegen und sich so stark vermehren. Daher die Töpfe abtrocknen lassen und bei starkem Befall die oberste Erdschicht entfernen und durch Splitt oder Tongranulat austauschen.

Ich habe einmal Düngestäbchen ausprobiert, weil ich beim Düngen oft sehr nachlässig bin. Wie wirken diese und schaden sie den Pflanzen?

Die schaden keinesfalls und sind für vergessliche Gärtner ideal. Es gibt sowohl konventionelle (Kunstdünger) als auch biologische Düngestäbchen. Darauf achten, wie lange sie wirken, und im Kalender (oder im Handy) den nächsten Düngetermin notieren.

© nnattalli/Shutterstock.com

Ich komme nicht leicht an Regenwasser. Was könnte ich machen, um die Pflanzen dennoch mit kalkfreiem Wasser zu versorgen?

Die meisten Zimmerpflanzen sind gar nicht so empfindlich. Weniger Kalk sollte im Wasser bei Azaleen, Usambaraveilchen oder Orchideen sein. Einfachste Methode: abkochen, auskühlen lassen und damit gießen. Auch das Kochwasser von Kartoffeln ist perfekt geeignet.

Bei meinem Usambaraveilchen ringeln sich die Blätter zusammen, aber ich denke, ich habe genug gegossen und gedüngt. Was könnte das sein?

Das ist entweder ein Zeichen von zu viel Wasser oder zu viel Dünger. Freilich, wenn Sie zu wenig gegossen haben, kann das auch passieren. Mein Tipp: Den Topf für wenige Minuten in lauwarmes, kalkfreies Wasser tauchen (ohne Blätter) und dann gut ablaufen lassen.

„Von unten gießen": Was heißt das genau und wie weiß ich, dass die Pflanze genug Wasser hat?

„Von unten gießen" ist so ein typischer Profigärtnerausdruck. Es bedeutet, dass die Pflanze für einige Zeit im Wasser steht – im Untersetzer, im Übertopf oder in einem Kübel. Nach etwa einer halben Stunde hat die Pflanze genug Feuchtigkeit aufgesogen. Dann unbedingt das restliche Wasser ableeren. Wöchentlich auch hier Dünger beimischen. Staunässe ist nämlich für fast alle Pflanzen der sichere Tod.

An den Blättern meiner *Phalaenopsis*-Orchidee bilden sich kleine Tröpfchen, die wie Honig aussehen. Auch an den Blütenstängeln sind kleine Kristalle. Ich sehe aber keine Schädlinge. Woher kommt das?

Das ist weder eine Krankheit noch ein Schädling. Die Pflanzen machen das, wenn sie Stress haben. Zum Beispiel bei großer Hitze, zu trockener Luft oder zu viel oder zu wenig Wasser. Also Standort und Gießrhythmus überprüfen.

Große Sorgen bereitet mir ein Schädling, der auf meinen Orchideen immer wieder auftaucht – die Wolllaus. Diese kleinen, wolligen Gebilde kleben überall: an der Unterseite der Blätter, an den Blüten, ja sogar an den Töpfen. Was tun?

Oh, das ist wirklich der lästigste Schädling, denn man bringt ihn fast nicht mehr weg. Pflanze gut mit Schmierseifenwasser abwaschen. Hochprozentigen Alkohol mit einem Wattestäbchen auftupfen und unbedingt Töpfe, Fensterbänke und -leisten mit Spiritus reinigen.

©Christoph Böhler

GARTELN
OHNE
GARTEN

Grünpflanzen
für ein gutes Zuhause

SO SIEHT DER „URBAN JUNGLE" HEUTE AUS

Die Palme neben dem Fernseher, die Grünlilie auf dem Kleiderkasten und der Elefantenfuß auf dem Schreibtisch – Grünpflanzen erleben eine Renaissance und so manche Wohnung wächst dabei zum ganz privaten Dschungel heran. War früher etwa das Fensterblatt eine von jenen Pflanzen, die als spießig eingestuft wurden, so ist es heute neben vielen anderen pflegeleichten Zimmergewächsen wieder voll im Trend. Von den Nachwuchs-Pflanzensüchtigen wurde in jüngster Vergangenheit ein neuer, passender Begriff geprägt: „Urban Jungle"!

© Photographee.eu/Shutterstock.com

BLATTPFLANZEN SIND DIE GRÜNEN HELDEN

„Grüne Helden" – so nennen heute Gartencenter die Zimmerpflanzen und tragen damit dem neuen Trend Rechnung: Zielgruppe sind nun vor allem die jungen Pflanzenfreunde. Ihre Wohnungen sind voll mit der grünen Pracht und so wird daraus rasch der Dschungel in den eigenen vier Wänden. Begonnen hat eigentlich alles schon vor einigen Jahrzehnten, als die Möbelhäuser neben der Einrichtung auch gleich die passenden Grünpflanzen im Programm hatten, Supermärkte neben der süßen Verführung an der Kassa auch die Pflanzen aufstellten und als letztlich in Facebook & Co. die Nachwuchsgärtner über ihre grünen Lieblinge posteten. Die Palme gehört heute zum Leben wie Laptop und Handy.

BLICKT MAN IN ALTE GARTENBÜCHER, WAR DIE ZIMMERPFLANZEN-LEIDENSCHAFT FRÜHER NICHT ANDERS. SCHON ALTE ÖLGEMÄLDE VON VOR MEHR ALS HUNDERT JAHREN ZEIGEN ÜPPIGE GRÜNOASEN, DIE ÜBER VIELE METER DEN RAUM FÜLLEN. FREILICH WAR DAS WOHNEN MIT PFLANZEN DAMALS EHER DEN WOHLHABENDEN VORBEHALTEN. DIE WOHNZIMMER BEEINDRUCKTEN MIT GROSSEN BLUMENFENSTERN, WINTERGÄRTEN WAREN VOLL MIT PFLANZEN, UND AUCH IN ALLEN ANDEREN RÄUMEN GRÜNTE ES. HEUTE IST DAS GRÜNE PARADIES FÜR ALLE MÖGLICH.

SAUBERE LUFT

Zimmerpflanzen sind die besten Luftverbesserer. Das beginnt mit der Luftfeuchtigkeit, die sie konstant abgeben und dadurch die meist trockene Heizungsluft verbessern.
Dann nehmen viele Pflanzen Schadstoffe, die aus Möbeln,

Tipp für die Gelassenheit

Glücksfeder ist die robusteste Pflanze

Damit die Grünpflanzenpflege Spaß macht, sollen die grünen Lieblinge pflegeleicht sein. Es gibt zahlreiche Pflanzen, die auch den einen oder anderen Fürsorgemangel ausgleichen. Eine der robustesten ist die Glücksfeder (*Zamioculcas zamiifolia*). Sie verträgt extrem dunkle Standorte, verzeiht es, wenn man sie einmal für ein paar Wochen vergisst, und lebt auch ganz gut mit wenig Nährstoffen.

#tippfürdiegelassenheit

OHNE STAUB

© Christoph Böhler

Teppichen oder Wandfarben entweichen, auf und beseitigen sie, und schließlich sind sie auch noch starke Staubfänger. Wer einmal die großen Blätter von seinen Grünpflanzen mit einem Tuch abgewischt hat, der weiß, wovon wir sprechen.

WOHER SIE KOMMEN, WAS SIE MÖGEN

Welche Pflanze wohin passt, ist meist eine Frage der vorhandenen Lichtverhältnisse, denn es gibt Grünpflanzen, die kommen mit wenig Licht aus und andere benötigen deutlich mehr. Da viele der Pflanzen, die wir nach Hause holen, ursprünglich aus den Tropen kommen und dort im Schatten der großen Urwaldbäume leben, können sie sich gut an die Verhältnisse in der Wohnung anpassen. Wichtig sind in der Hauptwachstumszeit nur das Düngen und das regelmäßige Übersprühen mit Wasser, denn dann sind die Bedingungen ähnlich wie im Dschungel.

Zwei „Liebesdienste" sollte man außerdem seinen grünen Helden unbedingt von Zeit zu Zeit gewähren: Umtopfen und Blätter reinigen. Letzteres erfolgt zumindest einmal im Monat – vor allem in der Zeit, in der die Heizung läuft. Dann nämlich wirken die Pflanzenblätter wie ein Staubmagnet. Abgewischt wird mit einem leicht angefeuchteten Tuch. Ins Wasser ein paar Spritzer Milch als Blattglanz geben.

Beim Umtopfen ermöglicht man den Pflanzen gleich in mehrfacher Hinsicht einen Neubeginn: Die Erde enthält frische Nährstoffe und die Wurzeln haben mehr Platz. Sind die Pflanzen noch klein, sollte man jeweils die Töpfe ein bis zwei Nummern größer wählen. Später wird in denselben Topf gepflanzt. Dafür werden die Wurzelstöcke mit einem scharfen Messer verkleinert. Welche Töpfe man wählt, bleibt eine persönliche Entscheidung. Ich bin ein Fan der Tontöpfe, weil dann die Pflanzen viel besser auch im Wurzelbereich „atmen" können. Allerdings trocknet die Erde schneller aus.

© GartenAkademie.com

SCHÄDLINGE ZEIGEN FALSCHEN STANDORT AN

Tauchen Schädlinge auf, sollte man immer rasch reagieren, denn oft vermehren sie sich enorm schnell. Wirkliche Probleme sind meist ein Zeichen für einen ungünstigen Standort, zum Beispiel mit zu trockener Zimmerluft. Spinnmilben sind in diesem Fall rasch an den Blattunterseiten zu finden. Abduschen im Badezimmer und sprühen mit Schmierseifenwasser können hier die Erste Hilfe sein. Gleiches gilt bei Blattläusen. Schwieriger wird es bei Schild- und Wollläusen. Sie sind sehr hartnäckig und man muss sie wiederholt mit Rapsölpräparaten besprühen, um sie im Zaum zu halten.

DER SENIOR ALS NEWCOMER: FENSTERBLATT *MONSTERA DELICIOSA*

In den Tropen erklimmt die Pflanze Baumstämme und wuchert stark. Die Blätter werden bis zu einem Meter lang und sind mit den typischen Löchern versehen, die Licht auch zu den unteren Blättern hindurchlassen. Junge Blätter sind oft noch geschlossen.

Keine Sonne, aber viel Dünger und Wasser

Damit das Fensterblatt kräftig wachsen kann, braucht es Licht, aber niemals direkte Sonne. Gedüngt wird wöchentlich und gegossen immer dann, wenn die Erde abgetrocknet ist. Staunässe mag die Pflanze gar nicht. Braune Blattränder deuten auf Wurzelschäden (durch Staunässe) hin. Die langen Luftwurzeln, mit denen sich die Kletterpflanze in ihrer Heimat an den Stämmen festhält, nicht abschneiden. Sie versorgen die Blattpflanze mit Wasser und Nährstoffen. Öfter übersprühen!

© Soloveva Kseniia/Shutterstock.com

Weise Erkenntnis

Rückschnitt hält vital

Sosehr einem das Herz blutet, wenn man bei einer schön gewachsenen Zimmerpflanze zur Schere greift, so sehr kann man in den Monaten danach erleben, wie sich die Pflanze durch neue Triebe verjüngt. Die abgeschnittenen Teile (zum Beispiel des Fensterblatts) lassen sich übrigens leicht bewurzeln. Jeweils ein Teilstück mit einem Blatt in eine Vase mit Wasser stellen, nach einigen Wochen hat es Wurzeln und kann gepflanzt werden.

SAFTIG GRÜNE BLÄTTER: GUMMIBAUM *FICUS ELASTICA*

© Piamphon Chanpiam/Shutterstock.com

Der Gummibaum kommt mit den Licht- und Temperaturverhältnissen in Wohnungen gut zurecht. Zu viel Wasser mag er nicht, die Erde sollte aber nie gänzlich austrocknen. Gedüngt wird alle zwei Wochen. Umtopfen ist in den ersten Jahren unbedingt notwendig. Später reicht das Austauschen der obersten Erdschicht. Wird die Pflanze zu groß, kann sie zurückgeschnitten werden. Den weißen Pflanzensaft mit einer Flamme (Feuerzeug) stoppen. Aus dem abgeschnittenen Teil lässt sich in sandiger Erde mit Plastiksack darüber eine neue Pflanze ziehen.

SCHON EWIG BELIEBT: GELDBAUM

PILEA PEPEROMIOIDES

Unter dem Namen Geldbaum gibt es wohl einige Zimmerpflanzen – unter anderem auch die dicklaubige *Crassula ovata*. Die *Pilea peperomioides* (auch Pfennigbaum oder Ufopflanze genannt) gehört zu jenen Pflanzen, die kaum in Gärtnereien zu finden sind, dafür aber gern unter Zimmerpflanzenfreunden getauscht werden.

Auf einer halbschattigen Fensterbank, aber auch auf einem Kasten im Wohnraum wächst die Pflanze problemlos. Die Kindel, also die Ableger, können für die Vermehrung verwendet werden – genauso wie Stecklinge, die man nur ins Wasser stellen muss und schon bekommen sie Wurzeln.

© Patrycja Nowak/Shutterstock.com

© simona pavan/Shutterstock.com

FÜR JEDE GELEGENHEIT: SCHUSTERPALME *ASPIDISTRA ELATIOR*

Wie sie zu dem ungewöhnlichen Namen kommt, ist schnell erklärt: Die Schusterpalme stand oft in Werkstätten und Schaufenstern (deshalb wird sie auch Metzgerpalme genannt) oder in dunklen Wirtshausecken. Sie übersteht nahezu alles.

Nicht übergießen und braune Blätter knapp über der Erde herausschneiden. Die Pflanze steht im Sommer gern draußen. Zuerst aber unbedingt schrittweise an die völlig anderen Lichtverhältnisse gewöhnen. Im Winter die Blätter immer wieder vom Staub reinigen.

EIN ROBUSTER HIMMELSSTÜRMER: STRAHLENARALIE *SCHEFFLERA ARBORICOLA*

Die Strahlenaralie oder, wie sie selbst unter Laien genannt wird, die Schefflera, gehört vom Wuchs her zu den attraktivsten Zimmerpflanzen. Ihre Blätter sind dekorativ und sie wächst rasch. Die Pflanze benötigt einen hellen Platz, entwickelt sich aber (deutlich langsamer) auch in einer dunkleren Ecke. Was sie ganz und gar nicht verträgt, ist Staunässe. Lieber also trockener halten. In Taiwan, wo sie ursprünglich herkommt, wird sie 40 Meter hoch und mehr! Im Zimmer kann man sie durch gezielten Rückschnitt kompakt halten. Aufpassen: Als Pflanze der

Tropen liebt sie hohe Luftfeuchtigkeit, aber niemals einen zu heißen Standort in der vollen Sonne.

© / Wongsakorn Dulyavit/Shutterstock.com

113

EIN MEXIKANER AUF WELTUMRUNDUNG: ELEFANTENFUSS *BEAUCARNEA RECURVATA*

Wer oft zu gießen vergisst, der wird mit dem Elefantenfuß wohl am besten zurechtkommen. Denn er hält viel aus, nur niemals ein Zuviel an Wasser. Die Pflanze kommt aus Mexiko und hat die ganze Welt erobert. In manchen Gegenden heißt sie übrigens „Pony Tail".

Selten umtopfen und wenig düngen

Die Wüstenpflanze liebt die Sonne, kann aber auch auf dunkleren Plätzen gehalten werden. Dann wächst sie nur sehr langsam. Im Sommer verträgt der Elefantenfuß auch einen Freiluftaufenthalt auf dem Balkon. Hier heißt es aber aufpassen: Nur ganz langsam und schrittweise soll man ihn an das pralle Sonnenlicht gewöhnen – das beginnt mit dem Halbschatten, dann ein, zwei Stunden in der Sonne und erst nach zwei Wochen fühlt er sich in der prallen Sonne wohl. Umtopfen muss man den Elefantenfuß nur alle paar Jahre – Kakteenerde verwenden!

© Photology1971/Shutterstock.com

NICHT NUR ZUR WEIHNACHTSZEIT: ZIMMERTANNE *ARAUCARIA HETEROPHYLLA*

© Snehalata/Shutterstock.com

Das ist für mich die typischste Pflanze, die ein Comeback feiert. Zu gut erinnere ich mich an eine riesige Zimmertanne in der Wohnung der Großeltern. Heute ist sie wieder überall zu finden, denn sie wächst anspruchslos.
Die Zimmertanne stammt von den Norfolkinseln (nördlich von Australien) und wächst besonders gut im Wintergarten, wenn von allen Seiten Licht an die Pflanze kommt. Man kann aus der Form geratene Exemplare gut schneiden. Braune Äste entstehen immer dann, wenn zu viel gegossen wurde.

Gartenirrtum

Umpflanzen muss sein

Es hängt freilich von Pflanze zu Pflanze ab, aber es gibt zahlreiche „grüne Helden", die jahrelang nicht umgetopft werden müssen. Ja, es geht ihnen sogar deutlich besser, wenn man die Wurzeln beim Wachstum nicht stört. Da gehören viele kakteenartige Pflanzen (Sukkulenten) dazu. Bevor man die zarten Wurzeln zerstört, ist es besser, man entfernt nur die obersten paar Zentimeter Erde und ersetzt sie durch ein neues Substrat.

#gartenirrtum

DIE GENÜGSAME: GOLDFRUCHTPALME *DYPSIS LUTESCENS*

© TukkaBaby/Shutterstock.com

Wohl kaum eine andere Palme hat in den letzten Jahren einen solchen Zuspruch erlebt. Mit ihren gefiederten Blättern vermittelt sie ein wenig Urlaubsstimmung, und das bei einer enormen Wuchsfreude. Steht die Palme nicht in der prallen Sonne und wird sie von Zeit zu Zeit vom Staub gereinigt, stellt sie selbst beim Gießen keine großen Ansprüche. Wer nur einmal pro Woche gießt, tut genau das, was die Pflanze mag. Düngen nicht vergessen, dann wird sie mit der Zeit bis zu drei Meter hoch.

© Mirage_studio/Shutterstock.com

AUCH FÜR DIE SCHWIEGER-MUTTER: BOGENHANF *SANSEVIERIA* SP.

Wie diese Pflanze zum deutschen Namen „Schwiegermutterzunge" gekommen ist, konnte noch nicht geklärt werden. Allerdings eines steht fest: Die extrem robuste Grünpflanze kommt immer mehr in Mode. Gerade in den letzten Jahren sind viele Sorten des Bogenhanfs in den Handel gekommen – manche Blätter auch (kitschig) mit Farbe bepinselt. Dabei sind die Pflanzen ohnehin sehr dekorativ. Gegossen wird nicht viel. Der Standort sollte warm sein, ohne direkte Sonne, und schon ist sie zufrieden und wächst jahrelang, ohne umgepflanzt zu werden.

© Marinodenisenko/Shutterstock.com

DEKORATIVER DAUERBRENNER: GRÜNLILIE

CHLOROPHYTUM COMOSUM

Wenn aus einem kleinen Pflänzchen nach wenigen Jahren eine mächtige überhängende Pflanze wird, dann kann es sich nur um ein robustes Gewächs handeln. Die Grünlilie, die es in verschiedenen Sorten mit grünen und grün-weißen Blättern gibt, treibt lange Triebe, die sich zuerst mit kleinen weißen Blüten schmücken, später hängen Kindeln dran.
Die Kindel sollte man nicht entfernen, denn erst durch sie kommt die besondere Wuchsform zur Geltung. Im Sommer viel gießen und düngen, im Winter deutlich trockener halten. Die Grünlilie ist ein guter Luftreiniger!

Asparagus plumosus hat farnähnliche, feine Wedel

GARTENFRAGEN ZU GRÜNEN ZIMMERPFLANZEN

livegartentipps

Meine Grünpflanzen wachsen alle recht zufriedenstellend, nur bei vielen der Pflanzen haben die Blätter einen braunen Rand. Woher kommt der?

Braune Ränder sind genauso wie große braune Flecken auf den Blättern ein Zeichen von Wurzelproblemen – also von Staunässe oder fauligen Wurzeln aufgrund anderer Ursachen – zum Beispiel Engerlingen etc. In jedem Fall würde ich im Frühjahr umtopfen und die kranken, fauligen Wurzelteile entfernen. Weniger gießen! Sind Engerlinge im Topf – zum Beispiel vom Rosenkäfer nach dem Übersommern im Freien –, diese sofort entfernen. Im Topf fressen sie nämlich auch Wurzeln.

Die Blätter meiner Schefflera sind seit einiger Zeit nicht mehr so saftig grün. Sie sehen eher fahlgrün und gelblich aus. Was fehlt ihr?

Hier sind eindeutig die Spinnmilben am Werk. Wenn man mit einer Lupe die Blattunterseite betrachtet, wird man ein hauchzartes Spinngeflecht mit kleinen punktartigen Tierchen finden. Sobald die Pflanze aber dort steht, wo eine höhere Luftfeuchtigkeit vorherrscht, verschwinden die Spinnmilben. Der Einsatz von Biospritzmittel ist als Notmaßnahme sinnvoll.

Ich finde die Töpfe bei den großen Grünpflanzen immer so leer – kann man dort andere Pflanzen hineinsetzen, wie zum Beispiel die Grünlilie oder einen Asparagus, den Zierspargel? Die beiden sind so schön!

Ja, das kann man, allerdings muss man darauf achten, dass diese Pflanzen den großen Grünpflanzen nicht alle Nährstoffe wegschnappen. Bei großen Töpfen gibt's einen Trick: Mit einem Holzstab tiefe Löcher in die Topferde bohren und dahinein einen organischen Dünger füllen. So bekommt der „Große" auch etwas vom Kuchen …

© RJ22/Shutterstock.com

Der Gummibaum (der mit dem großen Laub) hat im Frühling immer drei, vier gelbe Blätter und verkahlt unten komplett. Was kann ich machen?

Gelbe Blätter bei einer Pflanze sind meist ein Zeichen von Nährstoffmangel. Gerade im Frühjahr, wenn wieder mehr Licht zur Verfügung steht, will die Pflanze wachsen und holt sich deshalb die Nähstoffe aus den ältesten Blättern, um neue Triebe zu bilden. Düngt man in dieser Zeit, wird es weniger gelbe Blätter geben.

Seit vielen Jahrzehnten begleitet mich eine Yucca. Von der Studentenwohnung bis in unser Haus wird sie von Jahr zu Jahr größer. Jetzt behaupten Freunde, dass man Yucca ins Freie setzen kann. Stimmt das?

Nein, diese Yucca (die im Übrigen keine Palme ist), ist nicht frostfest. Sie kann den Sommer draußen stehen, muss aber bei Frost sofort ins Haus. Wird die Pflanze zu groß, dann einfach zurückschneiden, sie treibt auch aus den dicken Stämmen wieder aus.

Ich habe eine kuriose Idee: Kann ich an meinem sehr mächtigen Gummibaum eine andere tropische Kletterpflanze hochklettern lassen – so wie im Urwald? Der Ficus ist unten ganz verkahlt.

Die Idee ist gar nicht schlecht. Ich würde aber die Kletterpflanze in einen eigenen Topf danebenstellen und die Triebe hochleiten. Geeignet wäre dafür die Kranzschlinge (*Stephanotis floribunda*), die Wachsblume (*Hoya carnosa*), der Kletternde Philodendron (*Philodendron scandens*) oder ein buntlaubiger Efeu (*Hedera helix*).

Ich habe seit vielen Jahren einige Stecklinge in kleinen Glasflaschen stehen. Das sieht äußerst dekorativ aus, allerdings frage ich mich, ob die Pflanzen außer Wasser auch Dünger benötigen.

Eine solche Kultur in Wasserflaschen ist gerade in Mode, geben Sie nur ein paar Tropfen Dünger ins Gießwasser. In diesem Fall besser einen konventionellen Dünger nehmen, denn der organische könnte zu gären beginnen und Geruchsprobleme verursachen.

Die Schusterpalme, die bei uns im Wintergarten steht, ist ein altes Erbstück und wurde bisher nie umgesetzt. Nun scheint sie den Topf fast zu zerreißen. Kann ich die Pflanze teilen? Wann? Ich möchte sie nicht verlieren!

Diese Pflanze ist so robust, dass man sehr radikal teilen kann. Aus dem Topf nehmen und am besten mit einer großen Bogensäge in kleinere Teilstücke zersägen. Schnittstellen abtrocknen lassen und mit dem Staub von Grillholzkohle einstäuben. Dann neu setzen. Zu Beginn vorsichtig gießen.

©Christoph Böhler

DRINNEN GARTELN OHNE GARTEN

Grünes Glück
für jeden Raum

WELCHE PFLANZE FÜR WELCHES ZIMMER?

Das zarte Grün eines Farns, die bunten Blätter einer Tradeskantie oder die aparte Goldfruchtpalme – grüne Helden gibt es für jedes Zimmer. Sie sorgen nicht nur für gemütliche Atmosphäre und sind eine lebendige Dekoration, sondern sie sind auch hervorragende Luftverbesserer. Um für jedes Zimmer die passenden Pflanzen auszuwählen, sieht man sich das Zimmer genauer an. Denn Licht und Klima sind in jedem Raum anders. Eines aber gilt für alle: Jede Pflanze ist ein Stück „grünes Glück" und verbessert die Stimmung.

© Christoph Böhler

DAS WOHNZIMMER WIRD GRÜN

Dort, wo wir es uns nach einem langen Arbeitstag gemütlich machen, ist das Grün unserer Helden besonders wichtig. Einerseits als Verbesserer der Luft, andererseits aber als Luftreiniger.

Palmen tun sich manchmal im Wohnzimmer schwer, die **Kentia-Palme** (*Howea forsteriana*) aber hält Wärme und trockene Luft ganz gut aus. Das **Einblatt** (*Spatiphyllum* sp.) gehört im Wohnzimmer zu meinen Favoriten. Es gilt als Pflanze, die Harmonie ausstrahlt und als der beste Schadstoffkiller überhaupt. Alles, was schlecht ist, filtert diese Pflanze aus der Luft und ist darüber hinaus extrem robust. Sie verzeiht Gießfehler und kommt auch mit wenig Licht zurecht.

In modernen Wohnungen ist der **Zwergpfeffer** (*Peperomia* sp.) der letzte Schrei. Kompakt wachsend, schmückt diese klein bleibende Pflanze den weißen Tisch und bringt einen Farbtupfer ins kühle Wohnambiente. Er ist sehr robust und in vielen Blattfarben erhältlich. Besonders bewährt haben sich auch alle exotischen (tropischen) Pflanzen, wie **Bromelien** (*Ananas comosus, Guzmania lingulata, Aechmea fasciata*). Sie alle haben eines gemeinsam: Wenig in die Erde gießen, dafür soll Wasser im Blatttrichter stehen. Als grüner Star hat sich in den vergangenen Jahren das **Fensterblatt** (*Monstera* sp.) etabliert (siehe auch unter Porträts Bromelien, Seite 102, und Fensterblatt, Seite 112).

KEINE KÜCHE OHNE PFLANZEN

Die **Grünlilie** (*Chlorophytum* sp.) ist – wohl nicht nur wegen ihres Wuchses – die Schwungvolle. Sie befeuchtet die Luft und reinigt extrem gut.

Darüber hinaus, so sagt man, sorgt sie für Heiterkeit und gute Laune (siehe auch unter Porträts, Seite 115). Als bunter Farbtupfer (meine Frau liebt Blau) kommt ab und zu eine **Hortensie** (*Hydrangea macrophylla*) als Dekoration dazu, später wird sie in den Garten gesetzt.

Die robusteste unter den buntblättrigen Pflanzen und daher auch bestens für die Küche geeignet, ist die Dreimasterblume, besser bekannt unter dem botanischen Namen **Tradeskantie** (*Tradescantia* sp.) .

In der Küche denken wir nicht nur an die Zierpflanzen, sondern vor

© Christoph Böhler

allem auch an die vielen Kräuter, die auf der Fensterbank das ganze Jahr über gut gedeihen – jedenfalls eine Zeit lang: **Schnittlauch,** **Petersilie, Basilikum.** Sie sind wohl mehr für den Nutzen als für die Zierde. Aber Grenzen sind bekanntlich immer fließend.

GRÜNES VORZIMMER AUCH BEI WENIG LICHT

Das Vorzimmer ist wohl einer der schwierigsten Räume, denn meist bleibt es ohne Tageslicht. Daher schränkt sich der Kreis der Pflanzen stark ein. Extrem pflegeleicht präsentierten sich auch hier die **Glücksfeder** und der **Bogenhanf**. Es ist ausreichend, sie alle zwei bis drei Wochen zu gießen. Ebenfalls geeignet ist die **Schusterpalme**. Sie kommt zwar – wie generell alle Pflanzen – nicht ohne Licht aus, aber mit nur ganz wenig LED-Beleuchtung sichert man ihr Überleben.

© MJPLANTS , Nataliass und M88/Shutterstock.com

DSCHUNGELFEELING IM BADEZIMMER

Voraussetzung für die grüne Bade-oase ist Licht und damit ein Fenster. Ist das nicht vorhanden, dann kann man eventuell mit energiesparenden LED-Pflanzenleuchten eine passende Umgebung schaffen. Besonders ideal für Räume mit hoher Luftfeuchtigkeit sind Farne, denn sie mögen genau die-se Atmosphäre. Es sollte für sie nie zu kalt werden und sie dürfen niemals austrocknen, denn sonst sind ihre Tage gezählt.

Die feinen Blätter der Farne sind ideale Luftfilter. Perfekt gedeiht in einem hellen Badezimmer – wie in vielen anderen Räumen auch – die **Grünlilie** (*Chlorophytum como-sum*) (siehe auch unter Porträts, Seite 115). Gut geeignet – sogar in einem dunkleren Bad – sind der Efeu (*Hedera helix*) und auch der zarte **Bubikopf** (*Soleirolia soleirolii*). Damit der Efeu vital wächst, immer wieder zurückschneiden. Für Eilige eignet sich im Bade-zimmer die **Aloe** (*Aloe vera*), bei ihr kann man dann und wann das Gießen vergessen.

Ein weiterer Gast im Badezimmer ist das **Zypergras** (*Cyperus sp.*). Ein großer wasserfester Übertopf, in dem die Pflanze permanent im Wasser steht, ist genau der richtige Platz. Dann wächst sie unaufhörlich. Zu empfehlen sind alle Bromelien, weil sie die tropische Atmosphäre lieben: In besonders hellen Badezimmern steht sogar einer Ananasernte nichts im Weg (siehe auch unter Porträts, Seite 102). **Tradeskantien** (*Tradescantia sp.*) wurzeln in der feuchten Badezimmerluft prompt, wann immer ein Trieb abbricht.

© Christoph Böhler

AUCH IM SCHLAFZIMMER GRÜNT ES

Lange galt die Meinung, dass eine Pflanze im Schlafzimmer nichts verloren hat, sie könne uns den Sauerstoff wegschnappen und darüber hinaus die Luft mit Pilzen belasten. Das alles hat sich als irrige Meinung gezeigt. Ganz im Gegenteil: Die Luft verbessert sich, wird mit Feuchtigkeit angereichert, und – das wissen wir noch aus der Schule –Pflanzen sind Sauerstoffspender. Einzig sehr empfindliche Menschen, die möglicherweise an Allergien leiden, sollten vorsichtig sein, wenn die Erde verpilzt ist. Hier bietet sich eine Hydrokultur an oder eine Pflanzung in Tongranulat.

Die **Zimmerlinde** (*Sparmannia sp.*) gilt als guter Luftbefeuchter, ist aber vor allem als „Schmuse-pflanze" bekannt, denn – so wollen es Experten festgestellt haben – sie aktiviert die Liebesfähigkeit und stärkt die weibliche Energie. Fazit: ideal fürs Schlafzimmer. Auch die als großartige Heilpflanze bekannte **Aloe** (*Aloe vera*) ist für unser Schlafgemach geeignet, denn sie benötigt wenig Wasser (daher besteht auch kaum Gefahr durch

© Photographee.eu/Shutterstock.com

KEIN ARBEITSZIMMER OHNE PFLANZEN

Ob das große Büro in einer Firma oder das Arbeitszimmer daheim – gerade hier ist die grüne Kulisse besonders wichtig. Die **Strahlen-aralie** (*Schefflera arboricola*) gilt hier als guter Luftbefeuchter, liefert viel Sauerstoff und filtert

Schadstoffe aus der Luft. Bei der Wirkung auf den Menschen, so die Experten, soll sie das Umfeld stärken, für positive Energie und gute Stimmung sorgen (siehe auch unter Porträts, Seite 113). Der **Elefantenfuss** (*Beaucarnea recur-*

vata) ist ebenfalls ein sehr guter Luftreiniger. Seine Stärke liegt vor allem in der Ruhe, die diese Pflanze ausstrahlt – ideal fürs Büro. Passend sind natürlich auch alle **Ficus-Arten** (Gummibaum, Birkenfeige, Geigenfeige) sowie die eine oder andere Blühpflanze. Vor allem in Besprechungsräumen sind **Schmetterlingsorchideen** (*Phalaenopsis* sp.) dankbare Dekoobjekte. Besonders robust sind die **Glücksfeder** (*Zamioculcas zamiifolia*) (siehe auch Tipp für die Gelassenheit, Seite 110), die **Schusterpalme** (*Aspidistra elatior*) oder der **Bogenhanf** (*Sansevieria* sp.) – sie alle erdulden auch einige Wochen ohne Pflege und werden dennoch überleben. Nur ein Zuviel an Wasser vertragen diese Pflanzen nicht; Trockenheit überdauern sie gut.
(Weitere Infos unter Porträts: **Gummibaum, Schmetterlings-orchidee, Schusterpalme, Bogenhanf** auf den Seiten 105 bis 115)

Pilze), und sie erzeugt (wie viele andere Pflanzen auch) Sauerstoff in der Nacht. Perfekt sind aber auch **Grünlilien, Farne** oder auch **Yucca** und als Blütenpflanzen **Azaleen** oder **Zyklamen**, die nierigere Temperaturen lieben (siehe auch unter Porträts **Grünlilie**, Seite 115, **Azaleen**, Seite 104, und **Zyklamen**, Seite 104)

©Pixel-Shot/Shutterstock.com

© Christoph Böhler

WINTERGARTEN – DAS GRÜNE PARADIES

Palme, Palmlilie (*Yucca elephantipes*), **Drachenbaum** (*Dracaena* sp.), aber auch **Orchideen, Ritterstern** bis hin zu Kletterpflanzen – die Auswahl ist schier unendlich, denn in einem Wintergarten bzw. auf einer Veranda steht den Pflanzen all das zur Verfügung, was sie zum Wachstum benötigen: Licht, Wärme und Wasser.

Das **Fensterblatt** (*Monstera deliciosa*) galt lange Zeit als die Zimmerpflanze schlechthin, wirkt gut als Luftbefeuchter (durch die großen Blätter) und liefert auch Sauerstoff. Seine Größe zeigt sich aber nicht nur im Blattwuchs, sondern im Wintergarten mit einer besonders duftenden Blüte (siehe auch unter Porträts, Seite 112). Von winzig klein bis riesig groß werden die Blätter der **Alokasie** (*Alocasia sanderiana*), die aus den Regenwäldern stammt. Das Fensterblatt, auch Pfeilblatt oder Elefantenohr genannt, sollte niemals zu kalt gehalten werden. Im Winter machen viele eine Ruhezeit durch, da wird nur wenig gegossen. Besonders faszinierend sind Sorten mit dunkelroten, fast schon schwarzen Blättern.

Sind die Bedingungen einem Gewächshaus ähnlich, dann lassen sich hier sogar spezielle Pflanzen wie die **Kannenpflanze** (*Nepenthes* sp.) oder auch **Tillandsien** (*Tillandsia* sp.) kultivieren und sorgen für eine perfekte Gestaltung.

So wird's gemacht

Das braucht man dazu:

- ein großes Glasgefäß, wie große Einkoch- oder Gurkengläser – entweder offen oder verschließbar
- Tongranulat als Drainageschicht und zum Untermischen, damit sich Wasser und Nährstoffe besser halten
- frische Blumenerde
- eine ganze Palette an Minipflanzen
- und als Werkzeug eventuell Papierrollen und hölzerne Gurkenzangen.

Und schon kann man Schritt für Schritt den Garten im Glas für die Wohnung anlegen:

- Glasgefäß gut mit heißem Wasser ausspülen, damit keine Pilzerreger darin sind. Abtrocknen.
- Eine Schicht Tongranulat als keimfreie Drainage einfüllen.
- Frische Packungserde, entweder bei ausreichend großer Öffnung direkt, sonst über eine Kartonrolle oder eine zusammengerollte Zeitung einfüllen. So bleibt das Glas sauber.
- Pflanzen setzen! Unterschiedliche Höhe beachten, damit der Eindruck einer kleinen Landschaft entsteht. Am besten geeignet sind Farne, Flamingoblumen (*Anthurium*), Einblatt (*Spathiphyllum*) oder kleinblättrige Bodendecker wie Bubikopf oder Efeu.
- Erde mit 2 cm Tongranulat abdecken – das verhindert Moosbildung.
- Als Dekoration können größere Steine oder kleine, gut ausgewaschene Wurzelstöcke (Treibholz) platziert werden.
- Einmal gründlich angießen, aber immer mit Brause, damit die Erde nicht freigespült wird.
- Nun das Gefäß ein paar Stunden offen stehen lassen, damit die Blätter abtrocknen, und dann verschließen.

Hell, aber niemals vollsonnig aufstellen. Ab nun benötigt dieser Garten im Glas, wenn das Gefäß dicht verschlossen ist, kaum noch Pflege. Offene Gläser nur in großem zeitlichen Abstand gießen – auf Staunässe achten!
Falls sich Algen an der Glaswand bilden, von Zeit zu Zeit mit einem Tuch, das um einen Kochlöffel gewickelt wird, reinigen.

© qnula/Shutterstock.com

ZIMMERGÄRTEN IM GLAS

Die große Welt des Pflanzenlebens in einem kleinen Glas zu kultivieren, das ist das Faszinierende an Flaschengärten. Einmal gepflanzt, wachsen sie ohne Zutun über viele Jahre. So ist auch bei wenig Zeitbudget selbst in den kleinsten Wohnungen eine interessante grüne Dekoration möglich. Gärten im Glas sind besonders pflegeleicht, weil sie de facto nicht gegossen werden müssen.

© Piti Tan/Shutterstock.com

❝❝ DER KLEINSTE GARTEN IST DER BLUMENTOPF, DAS KLEINSTE GEWÄCHSHAUS IST DER FLASCHENGARTEN. ES GIBT VERSCHIEDENE SYSTEME VON FLASCHENGÄRTEN: OFFENE UND GESCHLOSSENE. BEI DEN OFFENEN WIRD EINMAL IM MONAT GEGOSSEN. DENN IN DER FLASCHE BRAUCHEN DIE PFLANZEN WENIG FEUCHTIGKEIT. DER GESCHLOSSENE FLASCHENGARTEN IST NOCH EINFACHER: MAN SETZT DIE PFLANZEN UND GIESST AN. ❞❞

© Christoph Böhler

DRINNEN   GARTELN OHNE GARTEN

Grüne Vitamine
aus Samenkörnern

KEIMBOXEN UND MICROGREENS

Das Samenkorn ist ein Kraftpaket ohnegleichen, denn alles,
was eine Pflanze zum Wachsen benötigt, ist schon darin enthalten.
Kaum spürt ein Same Feuchtigkeit, erwacht er aus dem Tiefschlaf
und startet wie bei einem 100-Meter-Sprint mit der Produktion von
Vitaminen und Nährstoffen. Genau diesen Moment nutzen wir, um –
in Keimboxen oder als Microgreens – die grüne Energie
für uns zu haben – ganz ohne Kräuter- oder Gemüsebeet.
Die beste Pflanzenkraftquelle für Gartenlose!

VITAMIN-POWER DURCH SÄMLINGE

Wenn auf dem Balkon kein frisches Gemüse mehr wächst, wenn die Kräuter nur noch mit einigen wenigen Blättern die Würze liefern, dann müssen Liebhaber von frischem Grün nicht gleich zum Glashaussalat greifen. Sie ziehen sich ganz einfach die Vitaminspender auf der Fensterbank – dazu braucht man nicht einmal einen Blumentopf!

nicht, bis aus den Samenkörnern kleine, schmackhafte, zarte Minipflänzchen werden – meist Keimlinge oder Keimsprossen genannt. Unter Sprossen versteht man meist jene im Glas getriebenen, die nicht grün sind; unter Microgreen alles, was unter Lichteinfluss Chlorophyll, also Blattgrün bildet.

© Christoph Böhler

Sprossen oder Microgreen

Ob Linsen oder Mungobohnen, ob Rettich, Senf oder Brokkoli oder auch die bekannte und beliebte Kresse: Sie alle werden zum Vitaminkick, und das schon in drei bis fünf Tagen. Länger dauert es

© Christoph Böhler

> **AUCH DIE STÄNGEL DER KEIME KÖNNEN SIE MITESSEN, SOGAR DIE WURZELN! BEMERKENSWERT IST DER HOHE VITAMIN-C-ANTEIL. BEWAHREN SIE DIE KEIME SAMT SUBSTRAT AM BESTEN IM KÜHLSCHRANK AUF. WENN DAS SUBSTRAT FEUCHT BLEIBT, IST ES NICHT NOTWENDIG, DIE KEIME WEITER ZU GIESSEN. SO KÖNNEN SIE DEN GRÜNEN VITAMINKICK ZWISCHEN FÜNF UND ZEHN TAGEN AUFBEWAHREN. EINFRIEREN DÜRFEN SIE DIE KEIMLINGE ABER NICHT!**

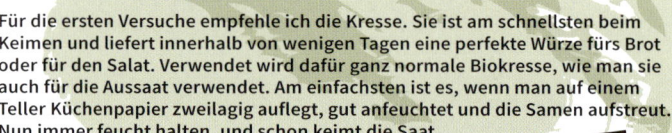

Tipp für Gelassenheit

Vitamine in wenigen Tagen

Für die ersten Versuche empfehle ich die Kresse. Sie ist am schnellsten beim Keimen und liefert innerhalb von wenigen Tagen eine perfekte Würze fürs Brot oder für den Salat. Verwendet wird dafür ganz normale Biokresse, wie man sie auch für die Aussaat verwendet. Am einfachsten ist es, wenn man auf einem Teller Küchenpapier zweilagig auflegt, gut anfeuchtet und die Samen aufstreut. Nun immer feucht halten, und schon keimt die Saat.

#tippfürdiegelassenheit

WENIG AUFWAND: WASSER, LICHT UND WÄRME

© Christoph Böhler

Zum Keimen brauchen die Samen nur drei Dinge: Wasser, Licht und Wärme. Erde brauchen sie nicht – sie wachsen am besten in Keimapparaten, aber auch auf einer feuchten Küchenrolle erwachen sie im Nu. Das Samenkorn ist ein Intensivspeicher, denn im Keimstadium braucht die Pflanze ihr höchstes Vitalstoffangebot und ist damit das frischeste und gesündeste Gemüse.

Beim Kauf des Saatguts muss darauf geachtet werden, dass es sich um Keimsprossensamen handelt. Anderes Saatgut (vor allem nicht biologisches) ist oft chemisch behandelt und daher ungenießbar. Aber die Auswahl an Samen zum Vorkeimen ist groß: Neben Kresse sind etwa Radieschensprossen pikant würzig und bei Galle- und Leberleiden empfehlenswert. Rucolakeimlinge schmecken wie das ausgewachsene Kraut. Rotkohl färbt sich schon im Babyalter mit einem dunklen rotgrünen Schimmer. Brokkoli gilt als besonders gesund, angeblich soll er krebshemmende Stoffe enthalten.

GEMÜSEBEETE IN DER WOHNUNG

Sprossengärtner kann jeder werden – auch der Garten- und Balkonlose. Saatgut für die Keimlingsvielfalt gibt es überall. Idealerweise besorgt man sich ein Keimgerät. Auf kleinstem Raum können mehrere Sprossenarten sogar zeitversetzt zum Keimen gebracht werden, da sich mehrere Schalen übereinanderschichten lassen. Keimgläser und Keimboxen gibt es von verschiedenen Herstellern mit unterschiedlichen Systemen. Manche keimen erst bei Dunkelheit, andere haben durchsichtige Schalen – im Prinzip funktionieren alle. Wichtig bei beiden Boxen ist die Kontrolle des Wasserabflusses, der durch Samen oder mit kleinen Keimen schnell verstopft werden kann. Täglich muss mindestens einmal gewässert werden – meist genügt es, wenn das Wasser in die oberste Schale geleert wird und dann durch die Tassen tropft. Überschüssiges Wasser sollte man wegkippen. Haben die Sprossen gekeimt, reichen Wassersprühungen.

Beim Vorkeimen ist Sauberkeit das oberste Prinzip. Daher die Saatschalen und Keimboxen immer gut reinigen, damit sich keine Fäulniserreger breitmachen. Ideal ist es, wenn man die Gefäße in den Geschirrspüler gibt, dann sind sie perfekt gereinigt. Sollten doch einmal Schimmel oder Fäulnis auftreten, die Sprossen oder Keimlinge nicht mehr verwenden. Diese Pilze sind zum Teil hochtoxisch und gesundheitsgefährdend.

© Christoph Böhler

VON DER FUTTERPFLANZE ZUR IMMUNSTÄRKUNG: ALFALFA _MEDICAGO SATIVA_

Die Luzerne, wie sie meist in der Landwirtschaft genannt wird, ist eine begehrte Futterpflanze, weil sie rasch wächst und auch als Pflanze viele Nährstoffe enthält. Verwendet wird sie auch als Gründüngungspflanze – also zum Aussäen auf Beeten nach der Ernte. Nach dem Winter werden dann Pflanzen und Wurzeln als Kraftnahrung für den Boden eingearbeitet. Noch viel mehr spüren wir die Kraft der Alfalfa, wenn wir sie als Keimlinge ziehen.

OB GEMÜSE, KEIMLING ODER SPROSSEN: ERBSEN _PISUM SATIVUM_

Im Garten sind sie ein köstliches Gemüse. Vor allem Zuckererbsen, die mit den Schoten gegessen werden, zählen zu den beliebtesten Frühsommergemüsen. Doch auch die Keimlinge stecken voller Kraft. Allerdings, im Unterschied zu vielen anderen, muss man sie unbedingt blanchieren!

Keimglas wird zur Kraftkammer

Sie sind im wahrsten Sinne des Wortes Kraftpakete, denn würde man ein Glas komplett mit Erbsen füllen und Wasser dazugeben, würden die kleinen Körner es zum Zerspringen bringen. Die Keimlinge müssen täglich gespült werden. Sind die Wurzeln gut 1 bis 2 cm lang (nach drei bis vier Tagen), kann man sie verwenden. Keimgläser immer gut lüften, da beim Keimen Gase entstehen. Am besten verwendet man sie für Gemüsepfannen, damit sind sie blanchiert und bekömmlich. Sie stecken voller Energie: viele Proteine, viele Mineralstoffe und Vitamine. Ideal nach dem Sport!

© Nataliia Zhekova/Shutterstock.com

Sprossen sind voller Proteine

Die Samen werden in Keimgläsern angekeimt, und schon nach einer Woche kann man sie „ernten". Sie enthalten 40 % Proteine, viele Vitamine und Mineralstoffe und lassen sich als Salatbeigabe oder auch für Suppen in der Küche verwenden. Die Ernährungswissenschaftler sagen, dass diese Keimlinge sich durch besonders viele Antioxidantien auszeichnen. Sie sollen die Leber stärken und entgiften.

© Christoph Böhler

Weise Erkenntnis

Selbstversorgung auch im Winter

Frisches Grün ist im Winter besonders kostbar. Das kann man mit den Erbsen, deren Laub als einzige Hülsenfrucht gegessen werden kann, am schmackhaftesten haben. Diese sogenannten Microgreens bekommt man, wenn man die Erbsen in Saatschalen (in diesem Fall mit Erde oder einem Vlies) aussät. Sind die Blätter dann gut 10 cm hoch, schneidet man sie für Salate oder klein geschnitten für Kräuteraufstriche.

#weiseerkenntnis

VITAMINE WIE EINE ZITRONE: MUNGOBOHNEN *VIGNA RADIATA*

Sprossengärtner kommen ins Schwärmen, wenn sie über die Mungobohnen plaudern, sind diese doch ziemliche Vitaminbomben. Eine Tasse voll Mungosprossen hat so viel Vitamin C wie eine Ananas, ungefähr halb so viel wie bei Orangen – und enthält darüber hinaus noch Vitamin A und einen hohen Anteil an Proteinen. Und das alles innerhalb von drei bis vier Tagen in einem Keimglas!

Bohnen versiebenfachen ihr Volumen

Die Wuchskraft ist enorm, so darf man niemals zu viele Samen in die Keimgläser geben. Zuerst sollte man die Körner zwölf Stunden in Wasser quellen lassen. Dann

© V.Lawrence/Shutterstock.com

wird das Wasser abgeleert und nun täglich zweimal gewässert. Bei einer Temperatur von 20 °C wird man schon nach drei Tagen ernten können. Belässt man sie

länger, werden sie herber und verlieren an Zartheit.
Man kann die Keimlinge in Salaten, aber noch köstlicher im Wok verwenden.

BEGEISTERT SCHON DIE KINDER: KRESSE *LEPIDIUM SATIVUM*

Die Kresse zählt zweifellos zu den bekanntesten Keimlingen und Sprossen. Kein Gemüseregal im Supermarkt, wo man nicht die Saatkartons mit dem frischen Grün findet. Aber nicht nur dort. Wer mit Kindern gern gärtnert, der wird an der Kresse nicht vorüberkommen, denn sie keimt extrem flott und

© Garachshenko Marina/Shutterstock.com

macht deshalb den Kleinen Spaß – in nahezu jedem Kindergarten wird sie ausgesät.

Keimlinge und grünes Kraut
Einerseits kann man die Kresse aussäen – auf Küchenpapier, in Tonschalen oder auch in Erde – und dann die grünen Blätter ernten – für Suppen, als würziger Brotbelag oder für Salate. Oder man keimt sie in Gläsern, dann verwendet man sie mitsamt den Wurzeln. Die braunen Samenhüllen kann man essen oder auswaschen. Kresse ist durch das Senföl besonders würzig. Das regt die Verdauung an und liefert dazu noch viele Vitamine – besonders ideal in der Winterzeit.

© Yulyazolotko/Shutterstock.com

NUSSIG UND KÖSTLICH: LINSEN *LENS CULINARIS*

Linsen sind als Keimsprossen nicht sehr bekannt, dabei ist ihr nussiger Geschmack ganz vorzüglich. Die Linse gehört zu den Hülsenfrüchten, die man auch roh essen kann. Es heißt hier aufpassen, dass die Keimlinge noch kein Blatt zeigen, dann sind sie am bekömmlichsten. Durch die große Samenmasse enthalten Linsen besonders viel Proteine, Eiweiß und Balaststoffe. So liefern sie rasch Kraft.

Linsen nur aus der Samenpackung
Man findet sie in jedem Lebensmittelgeschäft – von den Belugalinsen über die grünen Linsen bis hin zu den roten und gelben. Doch nicht alle sind zum Keimen geeignet. Beluga und grüne könnte man verwenden, die anderen sind schon geschält und damit nicht mehr keimfähig. Grundsätzlich ist es aber auch hier besser, ein spezielles Sprossensaatgut zu verwenden. Die Samen zwölf Stunden in lauwarmem Wasser vorkeimen lassen, dann in Keimgläser füllen und zweimal täglich spülen. Nach drei Tagen sind die Keimlinge „erntefähig". Sie schmecken im Salat hervorragend, können aber auch perfekt in Gemüsepfannen verarbeitet werden.

© Peter Hermes Furian/Shutterstock.com

© Vitali Melikhov/Shutterstock.com

GESUND, OB KEIMLING ODER KNOLLE: RADIESCHEN *RAPHANUS SATIVUS*

Das Radieschen ist wahrscheinlich das Frühlingsgemüse schlechthin. Weil es so flott wächst, wird es gern im Garten und natürlich auch im Blumenkisterl auf dem Balkon angebaut. Doch nicht nur die Knolle ist köstlich, sondern auch die Keimlinge – und diese schmecken genauso würzig wie die Knollen.

Keimen rasch und verhindern Schimmel

Radieschensamen für Sprossen und Keimlinge sollte man immer nur als spezielles Saatgut kaufen, normale Samen sind dafür ungeeignet. Die Keimzeit ist extrem kurz, vor allem, wenn man sie

zuerst gut wäscht und dann in ein Keimglas füllt. Bei 20 °C sind die Sämlinge nach drei Tagen erntebereit. Während bei anderen Samen oft Schimmel auftritt, gibt es das bei Radieschen durch die enthaltenen ätherischen Öle nicht. Daher empfiehlt es sich, bei anderen Keimlingen immer ein paar Radieschensamen unterzumischen. Die kleinen, würzig scharfen Keimlinge enthalten viele Vitamine und beseitigen Bakterien und Viren – ideal für die Darmentgiftung. Für Microgreen belässt man die Samen zehn Tage im Keimgerät – mit möglichst viel Licht, dann ist die Würzkraft noch größer.

Gartenirrtum

Karottenkraut kann man nicht essen

Wer an Karotten/Möhren denkt, der denkt mit großer Sicherheit bloß an die orangefarbigen köstlichen Rüben. Doch gerade bei Karotten kann man beinahe rund ums Jahr auch die zarten Blätter verwenden. Wer im Spätherbst oder zeitig im Frühling Karotten in die Erde sät, der muss nicht auf die Rüben warten, sondern kann gleich die kleinen, etwa 5 cm großen Pflänzchen komplett verwenden. Gut waschen und einfach genießen. Sie schmecken hervorragend in einem bunten Salat!

#gartenirrtum

NICHT NUR BEI VÖGELN BELIEBT: SONNENBLUMEN *HELIANTHUS ANNUUS*

Für die Verwendung als Sprossen nimmt man die geschälten Sonnenblumenkerne, dann muss man nicht die Schalen entfernen, wenn man sie gekeimt in den Salat gibt. Zuerst werden die Samen für einen halben Tag in lauwarmes Wasser gelegt, dann kommen sie in die Sprossengläser. Zweimal täglich wird gewässert und nach zwei Tagen bereits geerntet. Aufpassen! Die geschälten Samen sind sehr anfällig für Schimmel.

Alle befallenen Teile sofort aussortieren!

Sonnenblumen als Microgreen

Sonnenblumenkerne mit Schalen (auch hier nur die für Sprossenkultur abgepackten verwenden!) werden zuerst ein paar Stunden gewässert und dann am besten in Saatschalen dicht ausgesät. Dünn mit Erde bedecken und nach etwa 14 Tagen kann man das frische Grün abschneiden. Alternativ ist

© Nazaruk Nazar/Shutterstock.com

auch eine Vorkultur in Keimgeräten möglich. Auch hier ist aber die Gefahr von Schimmel sehr groß. Sonnenblumen liefern viele Vitamine und Proteine.

Zwiebelkeime

GARTENFRAGEN ZU
SPROSSEN UND MICROGREENS

livegartentipps

Sind Keimgeräte aus Plastik oder aus Ton besser? Ich finde die Keramik irgendwie natürlicher.

Das ist letztlich eine Frage des persönlichen Geschmacks, was einem optisch besser gefällt. Einen Vorteil haben die Terrakotta-Sprossenkeimtürme, dass sie die Feuchtigkeit besser halten. Genau das aber kann dann auch wieder zu Problemen mit Schimmel führen. Wichtig ist es in jedem Fall, dass man sie nach der Verwendung sehr gründlich reinigt. Am besten gibt man sie in den Geschirrspüler, dann treten kaum Probleme bei der nächsten Verwendung auf.

Ein Freund hat mir gesagt, dass man einfach ein Marmeladeglas als Keimglas verwenden kann. Was spricht dafür und was dagegen?

Eigentlich spricht vieles dagegen. Das Wichtigste: In einem Marmeladeglas wird die Luft mit großer Sicherheit zu stickig und schnell breitet sich dann Schimmel aus. Eine Alternative wäre es, wenn man das Glas nicht mit dem Deckel, sondern mit einem Stück Leinenstoff verschließt. Immer schräg aufstellen, damit das überschüssige Wasser abfließen kann.

Sind Keimlinge, wenn es an einer Stelle zu schimmeln beginnt, alle ungenießbar?

Bei Schimmel heißt es immer extrem vorsichtig zu sein. Daher gilt: Solche Keimlinge niemals für die Rohkost verwenden, sondern immer nur blanchiert oder im Wok. Besonders stark verschimmelte Teile generell entsorgen.

Kann es sein, dass die speziellen Samen nach einiger Zeit ihre Keimfähigkeit verlieren? Ich hatte beim Keimen große Ausfälle.

Ja, das ist so. Auch das Keimsprossensaatgut bleibt nur eine bestimmte Zeit lang keimfähig. Wichtig wäre es, dass man das übrig gebliebene Saatgut ganz dunkel und gut verschlossen aufbewahrt. Es sollte keine Luftfeuch-

© Steve Saunders/Shutterstock.com

tigkeit zu den Samen gelangen, denn dann sind die Samen nämlich nicht im „Tiefschlaf", sondern quasi startbereit und verbrauchen dafür Energie.

Die größten Probleme beim Keimen hatte ich mit Sonnenblumenkernen. Viele begannen zu schimmeln und stanken fürchterlich. Was kann die Ursache sein?

Sonnenblumenkerne enthalten sehr viel Fett. Ist die Keimkraft nicht mehr vorhanden, dann ist dieses Fett der ideale Nährboden für alle möglichen Pilze und Schimmel. Unbedingt entsorgen!

Mit meinen Kindern habe ich einen tönernen Kresseigel bepflanzt. Nun ist mir die Idee gekommen, dass ich dort auch andere Samen als Keimlinge ziehen könnte. Geht das?

Diese Tonigel kann man natürlich auch für alle anderen Keimlinge verwenden. Ideal ist er zum Beispiel für Radieschensamen.

Kann man vorgezogene Keimlinge aufbewahren? Manchmal sprießen zu viele auf einmal.

Ja, man kann sie einige Tage in Plastikdosen im Kühlschrank in der Gemüselade aufbewahren. Aber nicht zu lange, denn es kann auch dort zu Schimmelbildung kommen.

Ich habe Biosaatgut, das mir übrig geblieben ist, in meinem Keimgerät ausgesät. Die Samen sind alle gut gewachsen, doch dann habe ich mich nicht getraut, sie zu verwenden. Sind Biosamen chemisch behandelt?

Biosaatgut ist keinesfalls behandelt und Sie können es unbedenklich verwenden. Grundsätzlich sollte man aber immer die speziellen Samen für Keimgeräte nehmen, dann ist mit Sicherheit von einer Lebensmittelqualität auszugehen.

Es wird geraten, dass man Kresse auf Küchenpapier aussät. Sind da nicht irgendwelche giftigen Farbstoffe drinnen, die man dann mit den Pflanzen isst?

Das ist mit ziemlicher Sicherheit keine Gefahr. Damit Sie absolut sicher sind, können Sie aber auch unbedruckte Küchenrollen verwenden oder noch besser Keimschalen, die ganz ohne Papier auf einem Siebboden die Samen keimen lassen.

Sind im Microgreen mehr Vitamine drin, wenn man sie ins Tageslicht (in die Sonne) stellt?

Das ist ganz bestimmt so: Im Gegensatz zu den Sprossen geht es ja beim sogenannten Microgreen um die kleinen Pflänzchen. Wenn man zum Beispiel Erbsen vorzieht, enthalten sie mehr Vitamine, wenn sie im Sonnenlicht aufgezogen wurden. Spezielle LED-Leuchten sind bei fehlendem Naturlicht ein guter Ersatz.

©Christoph Böhler

DRINNEN   GARTELN OHNE GARTEN

Nicht willkommene Besucher

SCHÄDLINGE UND KRANKHEITEN

Wie heißt es so schön? ... auch im Paradies gab es die Schlange! Und so müssen wir mit den kleinen und großen Sorgen rund um die grünen Lieblinge leben. Schädlinge und Krankheiten tauchen immer und überall auf und „niemand ist schuld", auch wenn sich viele Fragen stellen: Woher kommen sie nur, wenn ich im zehnten Stock wohne? Genau so ist aber die Natur. Jede Kreatur will ihr Überleben sichern, auch jene, die wir nicht wollen. Und deshalb heißt es: Keine Panik, sondern sanft vorgehen. Denn wo ein Schädling, ist auch der Nützling nicht weit entfernt.

Blattlaus
© schankz/Shutterstock.com

Schildlaus
© VANESSAL/Shutterstock.com

Wolllaus
© Tomasz Klejdysz/Shutterstock.com

Weiße Fliege
© Tomasz Klejdysz/Shutterstock.com

Trauermücke
© Tomasz Klejdysz/Shutterstock.com

Springschwanz
© Tomasz Klejdysz/Shutterstock.com

Thrips
© Mirko Graul/Shutterstock.com

Miniermotte
© Thiti Sukapan und Tomasz Klejdysz/Shutterstock.com

Spinnmilbe
© Catherine Eckert (links) und Tomasz Klejdysz/Shutterstock.com

Dickmaulrüssler
© Ox Karol/Shutterstock.com

WENN LAUS, MEHLTAU & CO. ZUSCHLAGEN

Schädlinge und Krankheiten gehören zum Gärtnern. In den vergangenen Jahren hat sich im Umgang mit diesen Problemen vieles geändert. „Schoss man früher mit Kanonen", um Blattlaus & Co. zu beseitigen, so geht man heute sanft vor. Denn jede Gewaltmaßnahme tötet auch die Nützlinge, die selbst auf dem Balkon, der Terrasse oder im Zimmer auftauchen.

Grundsätzlich gilt aber – so wie bei uns Menschen auch: Je vitaler und kräftiger der Abwehrmechanismus ist, desto seltener wird eine Pflanze Probleme mit Schädlingen und Krankheiten haben. Daher stehen immer der passende Standort und die richtige Pflege mit ausreichendem Dünger und dosiertem Wässern im Vordergrund. Hier ist der berühmte grüne Daumen gefragt.

SCHÄDLINGE

Blattlaus

Sie tauchen oft ganz unvermittelt auf und vermehren sich schnell. Mehr als 800 Arten gibt es in Europa. Doch wo es viele Schädlinge gibt, kommen auch rasch Feinde: Marienkäfer, Vögel, Florfliegen und Ohrwürmer sind wichtige Gegner.

→ *Im Zimmer und Balkon rate ich, die Läuse mit den Fingern abzustreifen und die Pflanzen abzuwaschen. Sehr gut wirkt es, wenn man mit Schmierseifenwasser sprüht oder Spritzmittel auf Orangenölbasis verwendet.*

138

Schildläuse

Oft sind die kleinen braunen Plättchen auf den Blattunterseiten, den Stängeln und den Stämmen der Pflanzen fast nicht zu sehen. Nur der sogenannte Rußtau, der sich in Folge als schwarzer Belag auf den Blättern bildet, zeugt von dem Befall.

→ *Mit Schmierseifenwasser die (Zimmer-) Pflanze einsprühen und dann in der Dusche lauwarm abwaschen. Rapsölpräparate aufsprühen. Immer wieder kontrollieren und die Behandlung mehrmals wiederholen. Man braucht Geduld, bis sie weg sind.*

Wollläuse

Es gibt bei den Schädlingen eine besondere Plage – das sind die Wollläuse. Hat man sie einmal, bringt man sie kaum mehr weg.

→ *Die kleinen wolligen Gelege an Blattachseln, Blütenknospen und Blattunterseiten zunächst mit Schmierseife gut abwaschen, dann mit hochprozentigem Alkohol (punktuell) einsprühen. Ganz wichtig: Auch immer (Über-)Töpfe und Fensterbänke reinigen – dort sind die Eigelege und diese überleben Jahre. Daher bei einer Generalreinigung auch die Töpfe heiß waschen!*

Weiße Fliegen

Die kleinen Mücken treiben den Gartenfreund oft zur Verzweiflung. Erst sind es nur einige wenige, kurze Zeit später ganze Wolken, die aufsteigen. Die Weiße Fliege ist besonders lästig, weil sie Viren überträgt.

→ *Gelbtafeln sind eine erste Abwehr. Begrenzter Befall kann sogar mit dem Staubsauger konsequent abgesaugt werden. Auch Schmierseife und Rapsölpräparate helfen. Besonders effizient ist die Bekämpfung mit Nützlingen (Erzwespen), die man im Handel kaufen kann.*

Trauermücken

Trauermücken tauchen immer dann auf, wenn die Erde im Topf zu nass gehalten wird. Die kleinen schwarzen Fliegerln werden oft mit den Fruchtfliegen verwechselt, die beim Obst herumschwirren.

→ *Die Erdoberfläche sollte man immer abtrocknen lassen bzw. als Sofortmaßnahme die oberste Erdschicht entfernen (wegkratzen) und durch Tongranulat ersetzen. Von unten über Übertopf oder Untersetzer gießen. Überschüssiges Wasser nach einer halben Stunde entleeren.*

Springschwänze

Diese kleinen weißen Tierchen tanzen wie Trauermücken auf der Topfoberfläche herum. Berührt man die Erde, springen sie davon. Auch sie können nur dann überleben, wenn die Erde zu feucht gehalten wird.

→ *Wurde schon lange nicht umgetopft, dann Erde tauschen und künftig deutlich weniger gießen. Lieber immer das Substrat abtrocknen lassen und erst dann wieder gießen. Mikroorganismen helfen generell bei Bodenproblemen, daher regelmäßig beimischen.*

Thripse

Im Gartenbau zählt dieser Schädling mittlerweile zum ganz großen Problem. Auf Balkon, Terrasse und in der Wohnung ist ihr Auftreten überschaubar, dennoch sollte man Thripse eindämmen. Oft sitzen sie an den frischen Trieben und die Blätter bekommen einen silbrigen Schimmer.

→ *Einsprühen mit ölhaltigen Präparaten, für hohe Luftfeuchtigkeit sorgen und bei stärkerem Befall mit Neem-Präparaten sprühen. Auch blaue Leimtafeln locken die Viecherl an.*

Minierfliegen, Miniermotten

Die Fliegen selbst fallen meist nicht auf, sondern die Fraßgänge der Larven an den Blättern. Oft findet man sie bei Margeriten. Richtig bekannt wurden sie durch die Probleme mit den Kastanienbäumen, die dann schon im August das braune Laub verlieren.

→ *In Wohnungen kann man sie mit in Schalen gefülltem Grieß anlocken. Neem-Präparate und Nützlinge helfen bei starkem Befall. Ansonsten befallene Blätter abreißen oder -schneiden und entsorgen.*

Spinnmilben

Diese Schädlinge sind ganz typisch für eine viel zu trockene Luft und daher im Winter in zentralgeheizten Räumen oft ein großes Problem. Egal mit welchen Mitteln man die Pflanzen behandelt, ändern sich nicht die Bedingungen am Standort, werden die Milben wiederkommen.

→ *Große Schalen mit Tongranulat aufstellen und Wasser einfüllen. Darauf die Übertöpfe der betroffenen Zimmerpflanzen stellen. Öfter die Pflanzen übersprühen und weg sind die Tierchen.*

Dickmaulrüssler

Der Schädling, der in den letzten Jahren zu einem der größten Probleme geworden ist! Der Käfer befällt alle hartlaubigen Pflanzen, wie Lorbeer, Rhododendren oder Kamelien, aber auch viele andere. Besonders gefährlich sind nicht die Biss-Schäden an den Blatträndern, sondern die Larven in der Erde, die die Wurzeln fressen.

→ *Einzig sinnvoll ist das Gießen mit Nematoden – im Frühjahr und im Herbst. Die Fadenwürmer töten die Larven. Jedes Jahr wiederholen!*

KRANKHEITEN

Echter Mehltau auf der Blattoberseite

© KanphotoSS/Shutterstock.com

Falscher Mehltau auf der Blattunterseite

© Tunatura/Shutterstock.com

Mehltau

Genannt wird er auch der „Schönwetter-pilz", und so ist klar, wann der weiße Belag sich auf den Blättern bildet: im Sommer bei hoher Luftfeuchtigkeit. Unterschieden wird Echter Mehltau (Blattoberseite) und Falscher Mehltau (Blattunterseite).

➜ *Nie zu viel oder zu wenig düngen. Pflanzen mit Schachtelhalmextrakt und durch Mikroorganismen stärken. Eine akute Bekämpfung erfolgt neben im Handel erhältlichen Biospritzmitteln mit Backpulver. Auf 1 Liter Wasser gibt man 1 TL Backpulver sowie etwas vom Schachtelhalmextrakt und den Mikroorganismen. Die Pflanzen damit am Abend tropfnass besprühen und nach einigen Tagen wiederholen.*

Schwärzepilze, Rußtaupilze

Rußtau, wie er meist genannt wird, ist oft eine Folgeerscheinung bei einem Befall durch Blattläuse, Schildläuse oder seltener Wollläuse. Bevor man daher diese Pilze bekämpft, sollte man die Ursache suchen. Hat man diese Tierchen vernichtet, dann kann man gegen den Pilz vorgehen. Der Rußtau nimmt den Pflanzen viel Kraft, weil kein Licht auf die Blätter kommt, daher möglichst rasch handeln.

➜ *Die Blätter mit Schmierseifenwasser reinigen. Große, glatte Blätter mit einem Schwamm reinigen und danach abbrausen. Mit einem Blattglanzspray oder mit verdünnter Milch oder Bier abwischen. Befallene Blätter nicht entfernen, man schwächt die Pflanze doppelt!*

Blattflecken

Es gibt eine Faustregel bei der Bestimmung: Tauchen gelbe Blätter auf, dann ist es meist Licht- oder/und Nährstoffmangel. Findet man braune oder schwarze Flecken auf den Blättern, dann handelt es sich um einen Wurzelschaden durch Staunässe.

➜ *Nur wenn man die Pflanze umtopft, die fauligen Wurzeln entfernt, kann es neue, gesunde Blätter geben. Die betroffenen kranken Blätter werden sich aber auf keinen Fall mehr erholen. Zeigt sich wieder kräftiges Wachstum, kann man die Pflanzen (wie Fensterblatt, Philodendron oder Birkenfeige) zurückschneiden und so in Form bringen. Nach dem Umtopfen erst nach einigen Wochen wieder düngen!*

Grauschimmel

Diese Pilzkrankheit, die oft mit dem Mehltau verwechselt wird, tritt immer dann auf, wenn eine stickige warme und extrem feuchte Luft bei den Pflanzen vorherrscht. Sehr oft ist der Grauschimmel bei Alpenveilchen zu finden, wenn von oben gegossen wurde. Auch Erdbeeren bekommen bei feuchtwarmer Witterung diese Krankheit.

➜ *Vorbeugen durch einen luftigen Standort und von Zeit zu Zeit mit verdünntem Schachtelhalmextrakt und Mikroorganismen sprühen. Auch Knoblauchtee bzw. Knoblauchzehen, neben den betroffenen Pflanzen in die Erde gesetzt, helfen, und ausgewogene Düngung beugt ebenso gegen die Erkrankung vor, denn dann ist die Pflanze gestärkt.*

Viren

So wie es beim Menschen keine direkte Behandlung gegen Viren gibt und nur das Immunsystem gestärkt werden kann, gibt es auch bei den Pflanzen keine Mittel. Übertragen werden die Viren bei Pflanzen durch Blattläuse oder Weiße Fliegen bzw. durch unsauberes Arbeiten mit Scheren und Messer. Generell spielen diese Erkrankungen im Hobbybereich kaum eine große Rolle.

➜ *Übertragungen möglichst verhindern (Werkzeug mit Alkohol reinigen) und kranke Pflanzen besser entsorgen. Durch pflanzenstärkende Düngung und richtigen Standort lassen sich Virosen gut in den Griff bekommen. Bei der Auswahl der Pflanzen robuste Arten bevorzugen.*

Korkflecken

Wer an den Blattunterseiten, etwa bei Pelargonien, Flecken in Form von kleinen Korken findet, hat beim Gießen Fehler gemacht. Die Pflanze nimmt normalerweise Wasser auf und gibt es über die Spaltöffnungen der Blätter wieder ab. Gießt man bei zu niedrigen Temperaturen zu viel, kann es passieren, dass sich solche Blattveränderungen bilden. Sie sind aber nur ein optisches Problem, kein existenzielles. Auch eine Überdüngung (durch Stickstoff) kann ein Grund für diese Krankheit sein.

➜ *Befallene Blätter kann man an der Pflanze belassen, da sie weiterhin assimilieren und für Vitalität sorgen. Ein luftiger Standort kann Folgeprobleme durch Schimmel und Mehltau verhindern.*

Schwärzepilze, Rußtaupilze

© hjochen/Shutterstock.com

Blattflecken

© Kazakov Maksim/Shutterstock.com

Grauschimmel

© Floki/Shutterstock.com

Viren

© YuRi Photolife/Shutterstock.com

Korkflecken

© Alena Brozova/Shutterstock.com

Wurzelfäule

© AmBNPHOTO/Shutterstock.com

Wurzelfäule

Unter dieser Bezeichnung findet man ein breites Spektrum an Krankheiten. Für den Hobbygärtner haben vor allem die sogenannten Umfallkrankheiten eine Bedeutung. Hier gehen Sämlinge kurz nach dem Keimen zu Grunde. Ursache ist ein zu nasser Standort, ein Substrat, das nicht sterilisiert wurde, oder eine zu stickige Luft.

→ *Keine zu lange in verschlossenen Säcken gelagerte Erde zur Aussaat verwenden. Mit Schachtelhalmextrakt bzw. Meerrettich- und Knoblauchtee gießen und alle Töpfe und Schalen immer gut und heiß waschen. Sonnenlicht (UV-Strahlung) ist übrigens ein besonders wirkungsvoller Pilzschutz – daher möglichst bald die Saatschalen im Freien abhärten.*

Schimmel auf dem Boden

Der weiße Belag auf der Erde kann mehrere Ursachen haben. Sehr häufig sind es bei Topfpflanzen Kalkausblühungen, die über die Jahre hinweg entstehen, wenn man normales Leitungswasser zum Gießen verwendet und nicht umtopft. Das hat für die Pflanzen keine akute Bedeutung, langfristig aber werden die Wurzeln durch die zu kalkhaltige Erde leiden. Zweite – eher seltenere – Ursache sind echte Schimmelpilze, die durch zu viel Gießen entstehen.

→ *Umtopfen, künftig weniger von oben gießen (sondern in den Untersetzer) und die Erde mit Tongranulat oder Splitt abdecken. Knoblauchtee, Schachtelhalmextrakt und Mikroorganismen helfen auch hier.*

Schimmel auf dem Boden

© matuska/Shutterstock.com

STICHWORTVERZEICHNIS

NATÜRLICHER PFLANZENSCHUTZ

- Produkte auf Basis natürlicher und hochwirksamer Wirkstoffe
- geringe oder keine Wartezeiten zwischen Anwendung und Ernte
- vielseitig einsetzbar: an Zierpflanzen, Obst, Gemüse und Kräutern

Finden Sie weitere Informationen unter **compo.at**

Effektive Lösungen
durch Produkte mit Wirkstoffen
natürlichen Ursprungs

Pfl.-Reg.Nr. 3852-901

Pfl.-Reg.Nr. 2699-902

Auf Basis von natürlichem Orangenöl

Pfl.-Reg.Nr. 3882-901

Pflanzenschutzmittel vorsichtig verwenden. Vor Verwendung stets Etikett und Produktinformation lesen. Bitte beachten Sie die Warnhinweise und -symbole in der Gebrauchsanleitung.